Capitalismo y Miseria Humana

Hebert Gutiérrez Morales

Capitalismo y Miseria Humana

ISBN: 979-885-717-807-2

Índice

Introducción

A excepción de un par de anomalías, el mundo actual funciona a base del capitalismo que, podrá o no gustarnos, pero es el único sistema que tenemos hoy en día y, al paso que vamos, se ve difícil que nos dé tiempo como humanidad de generar alguna alternativa diferente.

El Capitalismo ha demostrado ser el sistema más popular y que más oportunidades brinda para ser "exitoso", y lo entrecomillo porque pareciera que sólo hay una forma para serlo: tener más dinero del que puedes gastar. El problema es que la gente siempre se enfoca en ganar más, pero rara vez se concentra en desear menos.

Y sí, a todos nos gusta el capitalismo porque nos da la posibilidad de comprar muchas cosas bonitas o adquirir experiencias, además de la posibilidad de mejorar nuestra calidad de vida (por lo menos a nivel material).

El problema con el capitalismo es que es voraz, por lo que no tiene límites, lo cual ha afectado nuestra psique de manera irreversible. Ahora todo, y todos, tenemos un precio, ya sea directo (a través de un sueldo) o indirecto (a través de un anhelo que tenemos por algo), y eso ha afectado nuestra manera de vivir.

Los escritos que aquí comparto son reflexiones y vivencias que he constatado durante los últimos años, en donde me resulta evidente ese efecto tan nocivo que ha tenido el capitalismo en nosotros. Lo cual no es propiamente culpa del capitalismo de manera total, ya que la humanidad se ha prostituido a niveles tremendos con tal de tener más patrimonio, sin importar a quién arrolle en el camino, la salud o dignidad que pueda sacrificar o, a final de cuentas, el tiempo que dilapide de más.

Y es que hay gente que entiende el juego y usa las bondades del capitalismo para darse una mejor vida. Sin embargo, hay quien cae en los extremos de vivir para tener más dinero, sin la necesidad de gastárselo, sólo les da placer el tenerlo.

O, en el otro lado, hay quien vive para tener todas esas cosas bonitas, que le dice el capitalismo que necesita para ser alguien feliz y de valía en el mundo, aunque tenga que estar constantemente endeudado y sin paz interna, con tal de tenerlo todo, en un intento de llenar ese vacío existencial.

Ésta no es una obra que pretenda acabar con el capitalismo porque #1 ¿Qué otra opción tenemos? ¿El Socialismo? ¿El Fascismo? Obviamente no hay alternativa viable en estos momentos y #2 Creo fervientemente que el capitalismo funciona, pero hemos caído en unos límites que no son sanos para nosotros.

No soy un gurú financiero, ni un coach de vida, tampoco un filósofo incomprendido, ni mucho menos ministro con una autoproclamada calidad moral para juzgar a todos. Sólo soy un usuario más del capitalismo, uno de esos productos diseñados para consumir más productos, mismos que tienen en movimiento en el sistema. Lo que sí he tenido la fortuna de poseer momentos de lucidez y darme cuenta de esta dinámica nociva en la que hemos caído.

Así que comparto esto que me ha tocado ver y analizar.

Hebert Gutiérrez Morales

PD: Leyendo los primeros escritos, admito que son insufribles, pero los he dejado como fueron redactados originalmente, pero juro que después fui escribiendo mejor, más fluido y más entretenido. Muchas gracias por su paciencia. ;-)

Mi cuenta en Sitma

"Lugares impersonales, para hombres y mujeres que ganan dinero y lo gastan con la mayor rapidez posible y piensan que, de algún modo, eso tienen sentido" – John Katzenbach ("El Psicoanalista")

Fui defraudado por Sitma, riesgo raro en mí que soy tan prudente con mis recursos, los cuales se me enseñó a ahorrar con tanta disciplina (Robert Kiyosaki, autor de "Padre Rico, Padre Pobre" ya me hubiera crucificado por escribir esto). ¿Cuánto fue el monto defraudado? Eso no es importante, aunque obviamente no fue una cantidad pequeña.

¿Por qué vemos una y otra vez fraudes? ¿Por qué la gente cae una y otra vez en ellos? La respuesta es única: La codicia (tanto de los defraudadores como de los defraudados). Ésta es ocasionada por el mundo actual, tan dinámico y cambiante, el cual nos exige un recuso vital para "ser felices": Dinero. Con éste puedes comprar todas las nuevas versiones de aparatos, accesorios, servicios y hasta personas (porque siempre hay quién se vende en este planeta) que necesitas para llenar ese vacío en tu interior y sentirte pleno (o eso creemos de manera ingenua).

En la cultura occidental se nos educa a querer siempre más, sin importar si lo necesitamos o no, nunca hay un final, no hay límites, vivimos en un estado constante de insatisfacción: cuando ya compraste algo nuevo, tardas más en instalarlo que en desear otro producto "más maravilloso" que (éste sí) te va llenar, por lo que, nuestros gustos y satisfacciones son cada vez más efímeros.

Esta insatisfacción agranda ese hueco que traemos en nuestro ser y seguimos con la creencia que lo vamos a llenar con cosas materiales o con personas, cuando no entendemos que el vacío sólo lo podemos resolver por nosotros mismos, mediante nuestro desarrollo como seres humanos, no como consumidores.

¿Cuándo nos detenemos a "oler las rosas"? ¿Cuándo es suficiente? ¡Nunca! El que se atreva a afirmar que ya no requiere más es de inmediato tachado como perdedor, conformista y mediocre (el mayor pecado en la cultura capitalista).

Buscamos el dinero tan desesperadamente, como si eso hiciera de nosotros mejores personas; como si la cantidad de recursos materiales fuera proporcional a la calidad humana. Gracias al Petróleo, los árabes tienen mucho capital pero, basándome únicamente en su trato a las mujeres, no creo que sean los mejores seres humanos sobre la faz de la tierra.

"Los ricos sólo quieren serlo aún más. Los poderosos quieren más poder. Los mezquinos quieren sentirse santos y los santos quieren ser castigados por pecados que lamentaron no haber tenido el valor de cometer" – Carlos Ruiz Zafón ("El Juego del Ángel")

Esta dinámica consumista nos ofrece a crédito (y a meses sin intereses) un nivel de vida que no podemos costear, que no es nuestra realidad pero, gracias al acoso capitalista de no conformarse, deseamos vivir mejor de lo que podemos pagar. Y claro, en lugar de alegrarnos, nos hace miserables, ya que la satisfacción de la compra es efímera pero las deudas no así que, irónicamente, no podemos disfrutar todos aquellos productos por los que nos endeudamos buscando una utópica felicidad (cuando en realidad queremos llenar el vacío interno).

"Rico no es el que más tiene, sino el que menos necesita" – San Agustín.

¿Y entonces? ¿Estamos destinados a vivir para siempre en esta vorágine de consumo? Así parece, parafraseando a Olallo Rubio: "Somos productos diseñados para consumir otros productos". Lo malo es que este comportamiento ya ha permeado hasta en las relaciones de pareja (de cualquier índole): ¿No soportas a tu pareja? ¡No importa! Divórciate y busca otro "modelo". ¿Para qué desgastarse e invertir con una persona que ya conoces cuando puedes tener una nueva por conocer?

Es un hecho que, tanto por salud como por recursos naturales, no vamos a seguir así para siempre, ¿cuánto tiempo? No tengo idea, así como no puedo contestar ¿Cuándo es suficiente poseer? ¿Cuánto vale la dignidad de uno? ¿El precio del respeto? ¿El costo de la libertad? No puedo contestar esas preguntas pero, tristemente, TODO (y todos) en esta cultura consumista tenemos un precio, sólo hay que ofrecer lo suficiente para quebrantar creencias, valores y principios; a ese grado de prostitución hemos llegado.

Vivimos en una sociedad enfocada a obtener recursos monetarios, estos nos dan medios para tener una existencia cómoda (aunque no necesariamente tranquila), es muy fácil confundir la búsqueda de la felicidad con la del dinero, lo malo es que nos enajenamos tanto en lo material que se nos olvida para qué lo queríamos.

Por eso, al final, cuando acabamos con tantos billetes pero el vacío interior sigue, es cuando nos damos cuenta que erramos el camino. Aunque siendo honestos, la llamada "felicidad" es un camino per se, ya que la única, final y definitiva, meta es la Muerte (exitosa si fue precedida por unos años bien vividos).

Obviamente no vamos a vivir sólo de amor; en este planeta lo monetario te garantiza los medios para asegurarte un acontecer tranquilo y darte tiempo de buscar la plenitud, pero ¿De qué se trata la vida? ¿Qué dicta su éxito? ¿El que tuvo más momentos para recordar? O ¿El que al final tiene más ceros en su cuenta bancaria? ¿De qué sirve tener tanta plata si uno no tiene tiempo para disfrutarla?

Todo esto nos ha llevado a calificar a las personas no por sus valores, sino por los recursos monetarios que tienen, de hecho, para existir en la cultura occidental hay que tener capital para validarlo. Si tienes valores pero no tienes capital, ¿a alguien le importa? Para ser considerado debes tener algo de valor material, sin importar que tan próspero a nivel interior seas. Hay un dicho retrograda que dice "Dime cuánto tienes y te diré cuánto vales. Nada tienes, nada vales".

El dinero no es malo, lo malo es la codicia u obsesión por el mismo.

Muchos dirán que perdí con Sitma, y tienen razón, pero "sólo" fue dinero, aunque también gané algo de experiencia y el recordatorio de que no hay ganancias fáciles en el mundo. Tal vez para algunos sea un dividendo muy magro pero no todas las utilidades en la vida tienen que ser económicas.

Seis de Febrero de 2011

La navidad prostituida

Me encanta el Día de muertos, Halloween o Noche de brujas (como le quieran llamar). La razón de este gusto no radica en los altares, ni en el pan de muerto, ni en las fiestas de disfraces, ni en las calaveras de dulce, ni en las golosinas que compro para dar a niños y que, irremediablemente, me acabo comiendo yo.

En realidad me encantan estas fechas porque, gracias a que existen, no empieza antes la temporada navideña. Si no estuvieran estas festividades de muertos, estoy seguro que la Navidad empezaría desde Septiembre (justo al pasar el día de la Independencia). Así que, aunque no sea oficial, pero es la realidad, ahora la Navidad inicia desde el tres de noviembre, esto dictaminado por las grandes marcas y comercios, con la anuencia del consumidor.

Hace dos Viernes me trasladaba hacia mi fiesta salsera de noche de muertos, y noté que la gente estaba manejando excepcionalmente mal (que ya es decir en este país), por lo que me pregunté "¿Qué pasa? Hasta parece que ya viene Navidad" y ahí me di cuenta que ya había llegado el tiempo que más crítico del año.

Uno de los problemas de estas fechas es que la, de por sí grande, irrespetuosidad e ignorancia de la gente al conducir, se acentúa y/o agudiza con la ansiedad de comprar o llegar algún lado. Irónicamente, en tiempos navideños, la agresividad de la gente al manejar crece exponencialmente ¿dónde quedó el amor y la paz?

La mayoría tendemos a romantizar nuestras remembranzas y, por lo mismo, nos cuesta ser objetivos con tiempos pasados, sin embargo, recuerdo que en mi niñez la época navideña comenzaba dos o tres semanas antes del 24 de Diciembre. Eso quiere decir que hasta iniciado el último mes del año empezabas a ver mercancía temática, iniciaban las campañas de ventas alusivas, los comerciales de juguetes, la compra de arbolitos y demás.

Los tiempos cambian y, hoy en día, somos expuestos al acoso mediático y comercial desde el inicio de Noviembre (más de mes y medio de anticipación). En esta ocasión no podemos culpar (del todo) a los gringos, porque por lo menos ellos tienen El día de dar Gracias, lo cual impide que su Navidad inicie tan temprano como se da en México (y supongo que en otras partes del mundo). Pobre mes de Noviembre, ha perdido su identidad y ha sido ultrajado por el movimiento navideño.

No me queda la menor duda que la época decembrina es el pináculo del consumismo, es cuando más se compra, y es que la gente tiene la ilógica necesidad de gastar tanto como sea posible (sin importar que se endeuden). Esta necesidad de adquirir es una especie de validación ante el mundo y ante sí mismos: si no compro no vivo.

La máxima de René Descartes reza "Pienso, luego existo", ésta ha dejado de ser válida por dos motivos: el primero es que la gente ya no piensa, sólo sigue una programación diseñada por los círculos del poder y aplicada a través de la sociedad. La segunda es que la frase ha sido cambiada por "Compro, luego existo" la cual refleja perfectamente la realidad actual.

Por la manera en que consume la gente, pareciera que la calidad del ciudadano se basa en todo lo que adquieras, es tan ridícula la pasión con la cual gastan que parece que su vida dependiese de ello. Entre más compres eres más bueno, eres deseado, eres maravilloso, más amado y, por qué no, hasta más guapo.

Siguiendo está lógica, entre menos compres te sientes miserable, infrahumano, despreciable, escoria, en resumen, poca cosa. Este comportamiento patológico es el resultado de esta sociedad consumista y/o materialista, misma que ha convertido una festividad religiosa en una época de ofertas, ventas nocturnas, promociones, compras a 12 meses sin intereses y 20% en monedero electrónico, el caso es adquirir como orates y sin tener plena consciencia de lo que nos obligan, o programan, a hacer.

Soy censurado por mi manera de pensar en gran parte del año pero, al meterme con la festividad más querida y popular, obviamente es en estos meses cuando más críticas recibo. Pero ahí pienso que, si necesitan una sola época del año para ser bondadosos y cariñosos (pero nunca auténticos), pues cada cual debería analizarse. Si es obligatorio un pretexto para fingir algo que no se es (y podrían ser), pues hay algo mal, porque uno puede ser bueno o un maldito desgraciado todo el año sin que nada afecte nuestra esencia. Si uno es voluble con su personalidad y cambia por intereses externos, pues eso habla de la falta de autenticidad, autoestima y personalidad que tienen la mayoría de la gente.

Durante mi infancia, al igual que todos los niños, esperaba la navidad con mucha ansia, especialmente por los juguetes. No lo voy a negar, quería recibir la mayor cantidad posible de obsequios tanto en 25 de Diciembre como el 6 de Enero. Aunque mis regalos eran lo más importante, también esperaba reunirme con todos mis familiares. No entendía por qué todos estaban tan tontamente felices, pero me dejaba contagiar por su alegría sin sentido, así que me juntaba con mis primos para jugar, además de que nos dejaban dormir hasta tarde (lo cual era un auténtico lujo en mi niñez).

No sé cómo sea la época actual pero, supongo, los niños deben seguir siendo los que más disfrutan de estas fechas, particularmente por la posibilidad de que seres extraordinarios y mágicos les traigan regalos. Los padres, si son astutos, también le sacan provecho a ese sentimiento, porque todo el tiempo están chantajeando a los pobres engendros para que se comporten o "Le voy a decir a Santa Claus que te portaste mal". Lo triste es que a los niños cada vez les dura menos esa ilusión; en mi caso, me enteré alrededor de los 10 años de todo el teatrito de los juguetes pero, me han comentado, hoy en día recién entran a primaria y ya les roban sus expectativas (clásico comportamiento mexicano: "Si a mí ya me fregaron mis sueños, yo te voy a fregar los tuyos").

Pero regresando al punto, los niños no entienden muchas cosas, sólo se dejan llevar por toda la farsa de los padres, por la estúpida alegría de los adultos, por la posibilidad de los regalos, por las fiestas y demás. Ellos lo disfrutan a más no poder, porque aún no están tan maleados por esta sociedad materialista y, con el corazón en la mano afirmo, me alegro que la felicidad e ilusión de los niños sean

reales en estas fiestas porque es de lo mejor que uno
puede experimentar en su infancia.

Volvamos a mi pasado, conforme fui
creciendo, me di cuenta que la Navidad no era todo lo
que creí en un inicio, y es un proceso natural no sólo
con las festividades, sino también desmitificas a tus
padres, la religión, tus amigos, la humanidad, los
valores, los principios y muchas otras cosas que te
habían enseñado de manera utópica.

Entre los 14 y 16 años (época en la inicié con
cambios radicales en mi existencia, como dejar la
religión o bañarme con agua fría), me di cuenta de
que el teatrito de la Navidad no sólo se llevaba a cabo
con los juguetes, sino que TODA era una farsa en sí
(por lo menos de cómo me la habían enseñado). A
partir de entonces dejé de participar en esta
celebración, identifiqué los intereses involucrados, las
apariencias, la gran necesidad de comprar y recibir,
ser "bueno" a través de obsequiar pero también en
espera de que te regalen de vuelta.

Me di cuenta que la navidad era como cuando
iba a misa: La mayoría es gente "buena y
misericordiosa" durante la ceremonia pero, al salir de
la misma, vuelven a ser la misma basura humana que
eran antes de entrar en ella. Lo mismo pasa con estas
fechas, uno puede ser un auténtico hijo de puta todo el
año pero, llegando la Navidad (cuando todo mundo es
bueno per se), resulta ser el más querido, más
cariñoso y bondadoso de la existencia. Debo
demostrar todo lo que te quiero mediante algún regalo
(y si es caro y/o de marca reconocida, mucho mejor).
De hecho voy a sacar todo lo maravilloso que soy, y
no hagas caso a mi comportamiento de los meses

anteriores, porque ése no soy yo, ya que mi verdadera esencia sale en Navidad.

¡Por favor! ¡No sean ridículos! ¡Qué gente más falsa! En Enero vuelven a ser la misma escoria que han sido siempre, y la misma que van a ser por los siguientes once meses. Era obvio, y necesario, que me alejara de la Navidad, considerando que proviene de la misma religión que abandoné simultáneamente, y todo se basa en la incongruencia. Una cosa es lo que dicen y otra la que hacen, Navidad sólo es un pretexto para lucirse ante la familia y sociedad, para demostrar los excelentes seres humanos que podemos ser, sin importar las acciones cuestionables que hagamos el resto del año.

¿Por qué fingir en Navidad? ¿Por qué pretender que quieres o respetas a alguien cuando en realidad lo detestas? ¿Por qué fingir tolerancia cuando todo el año eres intolerante? ¿Por qué aparentar lo que no eres? ¿Para que los demás no te critiquen? ¿Para que te perdonen? ¿Por qué tenemos que ser buenos por dogma? ¿Por qué debemos poner nuestra estúpida cara de una felicidad hueca y sin fundamentos? ¿Por qué repetir frases automáticas y sin sinceridad como "¡Feliz Navidad! ¡Te deseo lo mejor!" cuando pocas veces las sienten en verdad?

Vamos a ampliar más esta crítica al año nuevo, ¿qué caso tiene martirizarse con propósitos que nadie cumple? "¡Quiero dejar de fumar! ¡Voy a hacer Ejercicio! ¡Mañana inicio mi dieta! ¡Ya no voy a tomar!". Tantas y tantas metas que serían realizables pero, como fueron hechas por la embriagadora alegría del momento, casi todas son abandonadas. No es necesario un fecha en específico para proponerte mejorar, eso se puede hacer SIEMPRE, hoy mismo puedes iniciar sin la necesidad de un pretexto que te motive a hacerlo. Se demuestra lo barato de la época al ver los resultados, al ser basado en un sentimiento de euforia temporal, el compromiso también es efímero; por eso mismo acaban dejando el gimnasio, la dieta, las clases de baile o retornan a los vicios que habían prometido dejar.

¿Se dan cuenta de cómo malbaratamos nuestra palabra y fiabilidad? Cada año ya sabemos las promesas y los fantoches que la van a hacer, así como conocemos los resultados. Es un círculo vicioso que nosotros mismos hemos fomentado, y eso mismo contribuye a la depresión que muchos sienten en Enero, porque ya no tienen dinero, no tienen fiestas, ni regalos ni nada que festejar, además de que, la mayoría, están con bastantes kilos de más (seguramente por toda la "alegría" que acumularon).

Como buen Contreras, creo que el mes de Enero es mi favorito, aunque no llego a los niveles de inconsciencia del resto. En primera me divierte toda esa gente que estaba tan estúpidamente feliz un mes antes, ahora están inexplicablemente tristes, en donde se nota lo vulnerables que son a factores externos para regular su estado de ánimo. Si quieren verlo así, también formo parte de esta sociedad capitalista pero, me parece que, mi comportamiento es distinto.

Para mis pulgas, sólo imaginarme las tiendas llenas, sin lugar para estacionarse, sin la atención personalizada, y los precios elevados (aunque te los vendan con un supuesto descuento) son suficientes razones para evitar comprar en fin de año.

Para empezar, clausuro la cartera tras las festividades de Muertos, es difícil (por no decir imposible) que haga una compra significativa en Noviembre y mucho menos en Diciembre. Esto ya es una disciplina de años, me controlo y ahorro mi dinero.

Podemos decir que en Enero se presenta mi Navidad y los disfruto por las siguientes razones: Las tiendas están vacías y anhelan fervientemente a cualquier consumidor; por lo mismo, casi toda la mercancía está con descuentos bastante atractivos (y reales), como consecuencia, cuando voy a comprar, ante la falta de clientes y la necesidad de vender, soy atendido como rey, de hecho, es tanta atención que me llega a incomodar. Obviamente Enero es el mes en donde más consumo, pero hay mucha diferencia de comprar de un mes a otro.

Por esta ridícula felicidad sin sentido, la cual es meramente superficial, ésta es la época del año en la que más me aíslo. Esto es una ventaja porque es cuando más puedo leer y, a partir de este año, cuando más puedo escribir. Ciertamente voy a (considero yo) demasiadas reuniones, de algunas no me puedo deslindar (temas laborales) y a algunas me da gusto ir (más por las personas que por el motivo); sin embargo, trato de zafarme de todas las que pueda. Si asistiera a todas las celebraciones que me invitan, no tendría tiempo para mí, me sentiría agobiado y subiría como 20 kilos por todo lo que tragaría.

La navidad ha dejado de ser, desde hace mucho tiempo, una fiesta religiosa para convertirse en una festividad comercial. El Arbolito, los regalos, el pavo, las medias en la chimenea, Santa Claus, los ayudantes de éste, los renos, los muñecos de nieve y hasta los Osos polares son más difundidos que las imágenes de Jesús, María, José, la estrella de Belén, los animales del pesebre, etc. Si no me creen, pregunten a cualquiera sobre lo primero que le viene a la mente al escuchar la palabra Navidad, se darán cuenta que la mayoría de las respuestas están relacionadas con lo comercial y muy pocas (las más mochas) les dirán que el nacimiento de Jesús.

Es más, la influencia de las marcas es tan grande que ya nadie puede concebir a un Papá Noel sin su traje rojo, en el inconsciente colectivo, el atuendo escarlata con blanco es obligatorio, y eso se lo debemos en gran parte a Coca Cola y su publicidad, porque el traje original de Nicolás de Bari (el Santa Claus original) era entre una especie de café con verde olivo (pero nunca rojo).

Es chistoso que una fiesta religiosa ha sido tan prostituida que ya hasta se podría considerar pagana, por todas las imágenes que se veneran y respetan en estas épocas, tan distintas a las de la religión que tuvieron origen. Una evidencia de que esta festividad se ha vuelto más comercial que religiosa es el hecho de que se festeja en países en dónde la cristiandad es mínima, por ejemplo tenemos Japón. En la tierra del sol naciente, el porcentaje de la población católica y/o cristiana no alcanza ni el 1% y, sin embargo, celebran la navidad. Obviamente los nipones no lo festejan por el nacimiento de Jesús, más bien lo hacen a un estilo "Día de San Valentín", en donde es un buen pretexto para reunirse y darse regalos.

A título personal, esta fiesta representa dos venenos: el consumismo y la religión. Por eso mismo me aíslo tanto como me es posible. Tiene muchos años que no voy a la iglesia, obviamente no estoy recomendando que vayan, pero me parece que las personas que se consideran creyentes deberían cambiar sus prioridades y darle mayor valor a sus costumbres religiosas antes que a las comerciales, por lo menos serían más auténticos y leales a sus creencias.

Sé que muchos dirán que efectivamente llevan a cabo esas actividades que les dicta la religión, pero muchas de ellas sólo son el pretexto para "festejar" y emborracharse (ejemplo típico son las posadas). Sin embargo, muchos no van a misa en estas fechas, ni ven el mensaje del Papa aunque, honestamente, no los culpo por lo aburrido que resulta.

Estos argumentos demuestran que la religión más grande del mundo es el consumismo, ya que éste se ha apropiado de esta festividad. No dudo que aún existan personas que celebren la Navidad con el sentido original con la cual fue concebida aunque, es casi imposible hacerlo, el toque del materialismo no puede ser extirpado.

Y aquí llegamos al meollo del asunto, muchos argumentaran que es imposible celebrar estas épocas sin consumir bestialmente, por eso mismo a la mayoría ya no disfrutaría la Navidad sin comprar alocadamente. Sólo considérenlo un momento: ¿Una navidad sin gastar en exceso? Obviamente no les checa porque ya tienen tatuado un paradigma de que Navidad = Compras, para el ser humano occidentalizado y/o capitalista es imposible concebir estas fechas sin gastar. Tal vez puedan prescindir de muchas cosas, y seguiría siendo navidad, pero ¿dejar de comprar? Les aseguro que no les sabría igual su festividad.

Muchos dicen, y espero que tengan razón, que estas fechas les sirven de pretexto para juntarse con la familia. Si así es, me alegra, aunque sería mejor que no necesitaran un razón para convocar a todos sus familiares, pero como no es así, por lo menos la Navidad trae algo bueno al reunirlos una vez por año, espero que en la celebración se le dé más valor a los seres queridos que a lo que regalan los mismos. Y, sólo cómo reflexión, ¿por qué están separadas las familias? ¿Por qué necesitan de una fecha en específico para que se reúnan una vez en todo un año?

¿Qué pretendo con este escrito? ¿Qué la gente cambie? ¡Claro que no! Si apenas puedo conmigo mismo, no puedo cambiar al mundo entero. Sólo me gustaría que fuesen más honestos y tomar una postura tipo "Me gusta Navidad porque gasto mucho, me siento bien, tengo muchas fiestas, como y bebo en exceso, además de que recibo regalos" en lugar de guardar las apariencias y dar el discurso políticamente correcto: "Navidad, una época de amor y paz, en donde todos nos perdonamos, amamos y somos bendecidos por nuestro señor Jesús" y, mientras dicen esto, están pagando su nueva pantalla 3D a 18 meses sin intereses. ¿Acaso soy el único que ve lo ridículo e incongruente de toda esta situación?

Sé que les voy a caer muy mal por escribir todo esto, ahora imagínense a mi pobre madre que tiene que lidiar conmigo cada quince días o a mis compañeros de trabajo que me soportan a diario. Sin embargo, en la psicología se ha demostrado, "Si te choca, te checa", si les incomoda mi escrito, ha de ser porque algo de razón ha de tener.

Seguramente están pensando que todo lo que percibo de la navidad no es cierto, y es factible que tengan razón, pero no pueden afirmar que todo es falso. De igual manera no pueden asegurar de manera categórica que todo lo que ustedes perciben de esta época es cierto.

Finalmente les he de comentar, con el tiempo aprendí a ver que sí hay una parte auténtica de la Navidad pero es mínima a comparación de toda la parafernalia que te atiborran a lo largo de tu vida, y comprobé que esa pequeña fracción real se va reduciendo año con año (habrá familias en donde sea un poco más grande y en otras dónde ya desapareció desde hace años).

Muchos sienten nostalgia cuando termina la navidad, yo la tengo cuando termina la época de muertos.

Cinco de Noviembre del 2011

¿727000 pesos?

Tengo por costumbre, abonar más de mi saldo en la tarjeta de crédito, por eso mismo nunca he pagado intereses. Recientemente, al pagar y dejar un saldo a favor de $727 pesos, la grabación me indica "Su saldo a favor es de $727000 pesos". Tras verificarlo en un par de ocasiones, e inclusive dos días seguidos, confirmé que el sistema se había equivocado y, de pronto, ¡tenía $727000 a mi disposición!

TODOS en este mundo tenemos un precio, muchos dirán "Yo no, mis valores me respaldan". Puede ser, es lo que decía antes del suceso con la tarjeta pero, hasta que ves las bondades de una oportunidad inesperada, comprendemos que hasta nuestros valores tienen un límite (sobre todo en un mundo tan materialista como éste).

Volviendo a la tarjeta, obviamente era un error del sistema, y ellos tendrían que corregirlo, sin embargo, empezó a nacer en mí un dilema "Si no lo corrigen ¿seré capaz de devolverlo?". Se me educó para no tomar lo ajeno, y siempre he devuelto lo que no me pertenece así que, sin problemas puedo devolver $727, $7270 o hasta $72700 (estos con más trabajos, pero sé que lo haría), pero ¿$727000 pesos? Con esa cantidad saldaría mi crédito hipotecario y, con el sobrante, me iría a unas buenas vacaciones por Europa o Japón.

Tal vez habrá quién me esté cuestionando por expresar esa idea y dirán "¡Claro que los devolvería!" Pero ¿Qué tal si fueran Siete millones o 70 millones? Sé que $727000 me meterían en un enredo moral pero con Siete millones acabaría tomando el argumento de una amiga: "Hebert, ¡es un banco!, a ellos les sobra el dinero, no es cómo que se los quites a una viejita" y ahí entra la justificación para avalar algo mal hecho, misma que siempre encontramos para ser corruptos.

"Es que no me alcanza para comprar esos discos tan caros" cuando adquieren piratería; "Es que es muy engorroso el pagar la multa" cuando damos mordida para que no nos infraccionen; "Es que no tengo tiempo para esperar tanto" cuando nos metemos a una fila; "Es que es una causa justa" cuando se soborna a algún juez, abogado o notario; "Es que el gobierno sólo se roba mi dinero" cuando evaden impuestos; "Es que son unos rateros por un servicio tan malo" cuando se roban el cable, la luz o el Internet, y así puedo continuar con miles de pretextos para que vean que los "malos" son los afectados y nosotros somos bien "buenos", y es que tenemos una especie de síndrome de Robín Hood por hacer justicia con nuestra propia mano.

Desde que se creó la sociedad y el concepto de dinero, la corrupción empezó a formar parte de la naturaleza humana, y no sólo en aspectos monetarios, hay muchos aspectos tangibles e intangibles que son capaces de obligarnos a botar nuestros valores por un beneficio lo suficientemente jugoso para "aguantarnos la pena". Y es que nos podemos corromper con influencias, poder, favores sexuales y demás.

Un ejemplo de esto es la piratería, tema que debería ser exclusivo de las clases bajas pero que, tristemente, no lo es. A pesar de ser ilegal, puedo entender (pero nunca apoyar) que personas de escasos recursos, y pocas opciones de entretenimiento, adquieran piratería. Y es que el precio de un CD es el presupuesto con el cual comen en una semana. Y aquí entramos en cuestiones éticas: ¿Es culpa de la Firma musical la miseria del que compra piratería? ¡Claro que no! Pero, hablando de los niveles de pobreza referenciados ¿Creen que le importa a alguien que apenas tiene para comer?

Ahora, entiendo ese caso, lo que no comprendo es la enorme cantidad, que sí tiene posibilidades para comprar música de manera legal y, sin embargo, adquieren piratería. Ésa sí es una actitud comodina, deshonesta, desvergonzada y desleal. He visto a muchos de mi nivel socioeconómico adquirir piratería, mismos que luego presumen de los productos de marca que usan o de los lugares tan exclusivos a los que asisten. Esa fantochez se agrava más con la piratería que compran, y claro, las justificaciones no se hacen esperar: "No voy a comprarme el disco por una canción", "Es que la película está tan mala que no voy a ir al cine a verla" "Es que no tengo tiempo de ir al Mix Up a comprarla original" y todo lo que me puedan decir.

Voy a ser honesto, NUNCA he comprado piratería, porque valoro mucho la música que me gusta, pero SÍ me han regalado música ilegal. ¿Eso me hace mejor ser humano? En definitiva no y ahí viene la justificación de típico mexicano: Hay dos casos en particular, la salsa y la música antigua, hay mucha Salsa de calidad que no se encuentra en México, así que cuando hay una canción buena nos la compartimos. Por otro lado, existe música vieja (o películas muy raras) que ya no se encuentran en ningún lado, así que cualquier copia (legal o ilegal) es muy apreciada. Obviamente cuando existe el disco o

la película, las compro en E-bay con un amigo y
asunto resuelto, pero no siempre es el caso. Ahora, sé
que no todos van a pagar $500 por algo en E-bay
cuando pueden pagar $80 y sin tiempos de espera o la
incertidumbre de que si llega en buenas condiciones

Volviendo a mi saldo en la tarjeta de crédito,
sólo lo comenté con mis amistades cercanas, personas
que considero a mi altura moral y, con algo de
sorpresa, me di cuenta que nadie me dijo "Hebert, ese
dinero no es tuyo, ¡Devuélvelo!", al contrario, hubo
quién ya hacía planes con el monto y me daban
sugerencias de cómo gastarlo. Recalco, mis amistades
son grandes seres humanos, pero creo que ninguno de
nosotros ha visto esa cantidad junta, de ahí que nos
deslumbráramos con las posibilidades.

Al segundo día debí haber marcado al banco y
hacerles ver su error, pero no lo hice. Por fortuna no
me puse a despilfarrar como loco por la factibilidad
de que se corrigiera esta situación. Tomé una
resolución: "Voy a esperarme a dos cierres de mes, si
el dinero sigue ahí, decidiré qué hacer". Fíjense que
no dije "No es mío, mejor hablo y les reporto el
error", sólo me di algo de tiempo para pensar y luego
decidir. El dilema estaba fuerte.

Todos criticamos y señalamos a los corruptos,
los juzgamos como si fuesen seres tan aborrecibles, y
tan fuera de la moral, que poco faltaría para
lincharlos. Pero, estando en su posición, ¿Cuántos no
hubieran tomado los millones de USD y huir con
ellos? Es fácil juzgar cuando no tenemos la
oportunidad enfrente, lo difícil es mantener la palabra
cuando se tiene delante un chance tan grande.

"No es uno plenamente consciente de la codicia que se esconde en su corazón hasta que oye el dulce tintineo de la plata en el bolsillo" – Carlos Ruiz Zafón ("El Juego del Ángel")

En todos lados se cuecen habas, y no sólo de dinero vive el ser humano, también tenemos nuestro "corazoncito" y unos instintos irrefrenables que nos impulsan. A lo largo de los años me he enterado de casos de personas que se han ganado promociones "por su culitito esfuerzo", que a fin de cuentas es una especie de prostitución (ya que das sexo a cambio de un beneficio) pero ¿son casos aislados? No lo creo. Lo malo es que para que se den siempre debe de haber alguien dispuesto a pagar el precio (otro caso más en donde los valores son vencidos por un bien mayor).

A pesar de que soy duro con mi país, en esta ocasión debo de admitir que la corrupción no es exclusiva de nosotros (aunque somos grandes representantes de la misma), ya que en todo el mundo, en todos los ámbitos y a todos los niveles, siempre se han dado a conocer distintas ilegalidades, y ésa es la punta del iceberg, imagínense todo lo que se hace y nunca se sabe.

Afortunadamente hay ejemplos que me inspiran y alimentan mi ilusa esperanza de que el mundo puede ser un lugar mejor. Tengo un recuerdo muy valioso que me regaló Lance Armstrong, durante uno de los Tour de Francia que ganó, hubo una etapa de montaña en la cual iba fugado con su rival máximo: Jan Ullrich. Ambos iban descendiendo a toda velocidad cuando, de repente, el alemán se fue de lado y salió del camino. Esa etapa la estaba viendo en transmisión en vivo, así que grité hacia el monitor

"¡Perfecto! ¡Ahora escápate Lance!", sin embargo, y para mi pasmosa sorpresa, Armstrong se detuvo, espero a que se reincorporara su colega de profesión, le preguntó si estaba bien, y reanudaron el camino. (*Nota del futuro: esto fue redactado poco antes de que se descubrieran las trampas del ciclista gringo*)

Ése fue el recuerdo más bello que tengo del ciclismo (un deporte plagado de trampas y dopaje), la actitud del tejano fue totalmente leal, fue un caballero y me dio una lección muy valiosa de respeto y deportivismo. Es factible que él estuviera seguro de su superioridad porque, si se supiese inferior, creo que nadie lo hubiera culpado de escaparse y asegurarse la victoria, ¿Cuántos de nosotros hubiéramos esperado al rival en vez de aprovecharnos de la situación? Les soy honesto, yo no lo hubiera hecho.

Ahora, una cosa es aprovechar una situación fortuita y otra hacer trampa artera, como el excandidato presidencial Roberto Madrazo cuando corrió el Maratón de Berlín y, para vergüenza nacional, encontraron que atajó el camino para terminar en mejor tiempo y con mejor posición (tenía que ser del PRI). Alguien decía una vez, y sin ningún remordimiento, "Pena no es hacer trampa, pena es que te cachen", parece ser que esta idea está tatuada en el inconsciente mexicano, el cual siempre busca un atajo, una tranza o cualquier oportunidad para sacar ventaja de la situación (luego no nos quejemos de los prejuicios hacia nosotros en el extranjero).

Nadie me ha ofrecido en mi vida drogas, ni dinero por hacer algo ilegal o inmoral, tal vez sea mi lenguaje corporal que no les da señales de que sea alguien corruptible; gracias a un hecho fortuito me hice consciente que no eran tan excelente ser humano como pensé en algún momento, como lo demuestra el hecho de que nunca hablé para corregir la situación con mi repentina fortuna.

Afortunadamente, mi "suplicio" acabó al siguiente lunes, ya que mi saldo volvió a la normalidad y con ello mi salud mental y moral. No voy a negar que me sentí un poco "pobre" por "perder" $726273 pesos, pero también sentí una extraña felicidad por no tener que caer en algo que, históricamente, he despreciado en mi vida. Espero, de todo corazón, no tener que verme en un dilema como estos nuevamente, ya que me gustaría morirme con la idea de que soy una excelente persona.

16 de Marzo del 2012

El gusto de hacer las cosas.

Cuando me cambié de área, me llamó la atención que varios me preguntaron "¿Cuánto te van a aumentar por cambiarte de departamento?" Dicha idea nunca pasó por mi cabeza, ya que el motivo de mi cambio fue el aprender cosas nuevas. ¿Por qué siempre debe de haber alguna razón material para actuar de cierta manera? ¿Cuándo perdimos la capacidad de valorar las ganancias intangibles? No es necesario algo tangible que justifique nuestras acciones.

Soy de los afortunados a los que les gusta su trabajo y todavía me pagan por hacerlo. Pero también debemos tener algunas actividades que no nos reditúen alguna ganancia económica por lo que damos pero, la satisfacción que uno recibe del dar, es algo con un valor intrínseco muy alto.

Durante unos meses recibí una oportunidad maravillosa en Rumba Mía: dar clases de baile. Eso fue algo que me dio un gusto enorme sin importar que no me pagaran, aunque luego me compensaron al exentarme de pagar mensualidad. Sin embargo, no me era importante recibir una compensación, ni que pagara o dejara de cubrir mi mensualidad. Lo que en verdad me llenaba era esa oportunidad de devolver un poco de lo que había recibido en dicha institución, y por lo mismo me sentía muy a gusto dando clases.

Sin importar que fuesen tres horas de mi tiempo, sin contar mi gasolina, la satisfacción de enseñar a bailar me daba la creencia que hacía un pequeño bien al planeta (no tengo una explicación al respecto, sólo tenía dicha sensación). Esas satisfacciones no tienen precio.

En otro orden de ideas, no digo que diario, pero ya son varias las peticiones que he recibido para escribir ensayos sobre algún tema en particular, sobre todo en situaciones que son vitales para los solicitantes. Mi respuesta es que no puedo escribir al respecto porque no estoy en sus zapatos y no puedo captar la situación como ellos, ya que escribo sobre lo que me pasa, veo, siento, percibo o me es importante.

De igual manera, y aquí sí son más los mensajes, hay quien me dice que debería mandar mis escritos a algún periódico, revista u otra publicación ad hoc para que los mismos tengan más difusión. Obvio que mi ego dice "¡Sí! ¡Hazlo! Porque necesitamos más lecturas ¡Más lecturas! ¡Más poder mediático para conquistar al mundo!" . . . . . . ejem . . . . . . Afortunadamente he aprendido a controlar, esporádicamente, a mi ego.

Estas dos situaciones se complementan y anulan a la perfección: hay una misma razón para no escribir sobre ideas de alguien más (que no me interesan) ni para tocar a las puertas de ninguna publicación seria: Escribo porque me gusta. Claro que también me gusta tener muchas visitas en el blog, y soy más feliz al recibir comentarios (tanto buenos como malos), porque quiere decir que me leen.

¿Por qué escribo con gusto? Quiero que mis ideas queden plasmadas y disponibles para quién le interese leerlas; puedo exponer lo que quiera de la manera que me plazca y eso se llama libertad, uno de los bienes más extraños para la humanidad, la cual acostumbra vivir en esquemas diseñados y/o predeterminados. Mi gusto no tiene un precio, de ninguna índole, porque el primer y principal beneficiario soy yo mismo.

Recuerdo que, cuando escribí cada una de mis tesis (Licenciatura y Maestría) era algo que en verdad odiaba con todo mi ser. Muchos se podrán imaginar que, al tener facilidad para plasmar mis ideas de forma escrita, la tesis debió ser algo simple, pero se equivocan. Al igual que la mayoría, me costó mucho trabajo terminarlas. Y esto es un claro ejemplo que, aunque se tengan aptitudes para algo, no quiere decir que el resultado sea automático, y eso resalta más mi gusto para escribir en el blog.

Es factible que, si fuese un mercenario que escribe por dinero, tal vez ya no me gustara tanto hacerlo. Cuando haces las cosas porque te llenan (y no precisamente de dinero) estamos hablando de otro nivel de necesidades que va más allá de lo económico.

No escribo para algún medio impreso establecido, porque sigo encontrando fallas que, gracias a los que me las hacen notar, voy resolviendo. Aprovecho para hacer una invitación a expresarme si hay algún error en mis escritos (de índole informativa, de estilo, gramatical, ortográfica u otras), obviamente no me refiero a mis ideas, las cuales podemos debatir pero, a menos que reciba un argumento inteligente, contundente y con bases, no creo cambiarlas.

No son pocos los que no están de acuerdo con lo que escribo, y no por mis opiniones o mis vivencias, sino por la honestidad con la que las expreso. Me dicen "¿Qué pretendes con eso? ¡Así no vas a encontrar mujer!", "¿Dónde queda el misterio de descubrirte?" ó "Te crees perfecto al señalarnos nuestros errores ¡Eres ególatra y pedante!" entre otras. En general, el descontento que les provoca mi "desnudez", es la potencial vulnerabilidad que demuestro, y les pregunto ¿En qué les afecta? En el caso del egocentrismo, no voy a negar lo obvio, pero para que mis escritos les calen profundo es que hubo algo que les movió, de lo contrario no hubiera habido reacción alguna.

No escribo para relacionarme, ni para promocionarme, ni para causar lastima, ni para demostrar superioridad, ni para tantas cosas que mis críticos no aprueban. La única explicación que les puedo dar es que quiero expresarme, así como hay quien baila, pinta, canta, esculpe o toca algún instrumento: es un medio para saber que existo. Sólo escribo, si quieren verlo así, porque es una necesidad que ha surgido en mí, una válvula de escape, una oportunidad de expresión o como terapia.

Si empezara a escribir para encontrar pareja, para ser popular, para ganar dinero, para dar una imagen más "poderosa" o para tantas cosas que la gente pretende que sea, no lo haría con gusto es más, para terminar pronto, no escribiría. Y, para hacer más evidente mi argumento que no hago esto por plata, si se fijan, no hay ningún anuncio comercial en mi blog.

Creo que hemos perdido el gusto de hacer las cosas por el simple placer de hacerlas, siempre debemos hacerlo en busca de algún provecho, ¿qué tal satisfacción interna? ¿Les incomoda que me abra tan fácilmente? Bueno, creo que deberían analizar esa molestia interna que les ocasiona, porque no tengo ningún problema con mis escritos.

Agradezco el interés de todos los que me hacen estas observaciones porque sé que, a su manera, se preocupan por mi bienestar. Y les puedo decir: No se preocupen por mí, sé que el camino que voy trazando no es el que ustedes esperan, pero es MI camino y, bien o mal, el único que va a lidiar con los resultados soy yo. Aunque no lo crean, soy adulto y estoy consciente de lo que hago y no necesito que nadie me cuide (ni a mis padres se los permito).

Por lo mientras cada cual es libre de darle la lectura que quiera a mis textos: que soy un ególatra y pedante, que soy un tipo sensible, que soy un manipulador, o alguien honesto, tal vez alguien valiente o hasta que soy alguien con problemas y en busca de ayuda y atención (todas estas versiones me han llegado en diversas opiniones).

¿Por qué no aceptar que me gusta escribir y que no estoy en busca de algo más que mi propia satisfacción? Creo que los que hacen algo por gusto, y nada más, entenderán a lo que me refiero. El hecho que haga esto como un hobby, no quiere decir que lo tomo a la ligera y no lo haga lo mejor posible, por lo mismo le dedico un mínimo de doce horas a cada ensayo (aunque algunos me llegan a salir de un sólo golpe) porque me lo tomo en serio.

Admito que los acoso constantemente con mi blog, y les ofrezco una disculpa por ello. Hay momentos, como me pasó hace rato con otro escrito, en que recuerdo por qué lo hago: Por mí. Me encanta cuando acabo un ensayo y me digo a mí mismo

"¡Buen trabajo!". Es ese sentimiento de saber que has hecho algo especial y así será sin importar que lo lean o no; claro que ahí entra el ego, y quieres compartirlo con la mayor cantidad de personas posibles. Pero, sin importar que nadie los lea, me siento orgulloso de todos y cada uno de mis textos ¡Amo ser escritor! :-)

Trece de Enero del 2013

Neoimperialismo

Leyendo algo de historia, a lo largo de los años, ingenuamente pensaba: "¡Vaya! ¡Cómo hemos avanzado! Ya no hay países invadiendo a otros y anexándolos a su territorio". Desde hace un par de siglos muchos se fueron independizando y, desde hace un par de décadas, muchos países "Frankenstein" se separaron, como los casos de Checoslovaquia (En República Checa y Eslovaquia), Yugoslavia (que se dividió en Bosnia-Herzegovina, Serbia y Montenegro) o la antigua URSS (dividida en 15 países).

De igual forma constatamos la reunificación alemana o, alguna vez, se habló de reunificar a las Coreas, cosa que se ve difícil por el momento o, recientemente, vemos cómo Cuba ha abierto las fronteras para que sus ciudadanos salgan al mundo.

El país imperialista por excelencia de los últimos 200 años han sido los Estados Unidos, no en vano sus trece Colonias crecieron al quitarnos territorios a México, Francia, España e Inglaterra. En la actualidad ya no se anexan territorios pero, como son tan conscientes del "bienestar" mundial, intervienen Repúblicas Banana en donde el orden del "mundo libre" se ha perdido: Vietnam, Panamá, Nicaragua, Guatemala, Chile, El Salvador, República Dominicana, Irak, Japón, Afganistán y un largo etcétera.

Claro que ellos argumentan que no se anexan a dichos países: llegan, hacen su desmadrito, ponen sus gobiernos y, algunos años después lo "abandonan" para que siga con su versión de una "buena vida americana". La lectura inicial diría que hemos avanzado, porque ya se respeta la autonomía de los países, y los gabachos sólo cuidan que todos sean libres conforme a SU visión de lo que debe ser el mundo.

Tal vez ya no se anexen territorios, pero más de la mitad del mundo les pertenece, tal vez no en la ley, pero sí en los hechos. Si uno se basa en la historia oficial, se podría pensar que las ambiciones megalómanas y el hambre de poder han disminuido en el presente, y es que ahora hay organismos internacionales que defienden los derechos humanos, la integridad de cada país, sus tradiciones y su cultura en general.

En realidad nada ha cambiado, el imperialismo ha sido modificado y se ha sofisticado de una manera más sutil pero, en el fondo, igual de desleal a cómo era hace 500 años. Los países poderosos siguen sometiendo a las naciones desamparadas, sólo que ahora se aprovechan de ellos al irlos a "desarrollar" para que se integren al "mundo libre" y, a la larga (MUY larga), estén en igualdad de condiciones que sus benefactores.

"Pobre México, tan lejos de Dios y tan cerca de los Estados Unidos" – Porfirio Díaz.

Vivimos en un país que está perfectamente sometido a los deseos del Patrón que tenemos al norte, el cual podría fácilmente invadirnos y anexarse el territorio para hacer crecer su extensión y poderío.

¿Por qué no lo hacen? ¿Acaso alguien se opondría? Los gabachos gustosos lo harían por la cantidad impresionante de recursos naturales que hay en tierras mexicanas pero hay un problema: los mexicanos. Con los xenófobos que son los gabachos (y el humano en general), con gusto se desharían a todos los "mexicans" para apropiarse de tan rica tierra, pero hasta ellos tienen límites y saben que no pueden aniquilar a 115 millones de almas sin que la comunidad internacional se ponga al brinco, además de que la esclavitud del siglo pasado está prohibida (ahora hay versiones mejoradas).

Estados Unidos tendría que darle acceso a su sistema social, su seguridad pública, su sistema de salud, su infraestructura, sistema educativo y demás. Como se acaban de dar cuenta les saldría más caro el caldo que las albóndigas, ya de por sí tienen en su territorio a 20 millones de mexicanos "puros" sin contar a los chicanos (¡y se quejan de ellos!), es obvio que no van a querer incrementar el gasto y, peor aún, soportar a apestosos "Wet Backs" en su "inmaculado" país.

Por eso los estadounidenses nos someten a través de la economía, de la televisión, de los tratados internacionales, los organismos internacionales, toda la inversión que hacen en sus países "amigos" menos afortunados. Nos "hacen el favor" de emplearnos y darnos una mejor calidad de vida (como si ellos no ganaran nada con ello), además de que "amablemente" nos traen sus productos y todos sus vicios sociales (adicciones, comida chatarra, consumismo, vacío existencial, etc.)

Es por eso que los gringos meten su cuchara en ciertas cuestiones que le son de importancia estratégica, como decidir quién es el presidente de México, ellos no se ensucian las manos, sólo mueven los hilos correctos para que su candidato sea electo, como lo fue con Salinas, Zedillo, Calderón o Peña Nieto. En el caso de Fox y Labastida, para los Estados Unidos no había gran diferencia, así que dudo que hayan influido gran cosa en ese proceso.

México no nos pertenece a los mexicanos, le pertenece a los gringos y, aunque me purgue escribirlo, formamos parte del imperio gabacho, PERO sólo tenemos las obligaciones mas nunca los derechos. Somos una especie de gringos de tercera clase y es que ¿Cómo nos atrevemos (mexicanos salvajes, jodidos e infradesarrollados) a compararnos con sus majestades?

La nueva conquista consiste en tener sometido a tus "amigos" de tal manera que los explotas sin tener que darles infraestructura, sólo la necesaria porque no quieren que les vuelva a pasar lo que sucedió con los japoneses, que casi se les subieron a las barbas.

Aunque ya no vienen a invadirnos físicamente, asesinarnos, esclavizarnos o dogmatizarnos, como hicieron los españoles, de todas formas estamos jodidos. Este país de mentiritas no es libre. Muchos gritan con toda pasión "¡Viva México!" cada 15 de Septiembre y se tragan esa patraña que somos libres, ¡Pobres ilusos!

¿Cuándo ha sido el mundo un lugar justo? Las naciones poderosas siempre someten a las más débiles (primero por las armas y luego por el dinero). Lo mismo pasa con los humanos millonarios que se hacen aún más ricos al explotar la necesidad de los pobres. No es raro que las clases privilegiadas e influyentes reciban más beneficios mientras que las bajas sólo reciben las migajas que se caen de la mesa.

La historia indica que los opresores fastidian a los oprimidos, y ésa es nuestra propia cadena alimenticia: Para que haya alguien próspero debe de existir algunos jodidos. Pensar que todos podemos estar bien, sin excesos, sólo lo suficiente, debe ser la peor aberración que pueda concebir la humanidad, ya que nunca se ha dado.

¿Dónde quedan todos esos discursos que ven por el pobre y desamparado? ¿Por qué hay tanto dinero invertido en armas mientras gente muere en la miseria? ¿A alguien en realidad le importa que se esté muriendo gente en un continente abandonado como lo es África? O, lo que es peor ¿en sus propios países? La respuesta es ¡NO!, pero siempre vendrá el discurso políticamente correcto que dirá lo contrario y que nos afirmen que se están esforzando para hacer el mundo mejor (pero se les olvidó aclarar que lo van a hacer mejor <u>para ellos mismos</u>).

En este país no ha habido libertad desde hace más de 500 años, sólo pasamos de manos de un imperio a otro ya que, con la corrupción que caracteriza a más del 90% de los "mexicans", resulta muy fácil negociar con nuestros corruptos gobernantes.

En este mundo casi todos los países somos la perra de alguno de un círculo selecto: a parte de los gringos están Alemania, Inglaterra, China, Japón y Francia; estos son los que mueven los hilos. Hay otro pequeño grupo que no son sometidos pero, me parece, tampoco someten como Canadá, Australia, Corea del

Sur, India, Nueva Zelanda y algunos países europeos.
Finalmente estamos todos los demás (como en la Isla
de Guiligan), viles actores de reparto que tocan al
ritmo que les marcan los arriba mencionados.

A fin de cuentas ese imperialismo está muy
marcado, TODOS sabemos que así funciona el mundo
pero NADIE lo acepta abiertamente. ¿Para qué nos
hacemos mensos jugando a los países independientes?
Creo que deberían haber cinco o seis regiones
mundiales, o sea darle su pedazo a cada megalómano
para que lo administre el país dominante y se
desarrolle cada cual.

Por ejemplo, siguiendo el sentido original de
la frase "América para los americanos", los gringos
deberían administrar todo el continente. A Francia le
tocaría África, al fin que más del 50% de su población
tiene ese origen. Europa (incluyendo Rusia y Turquía)
se dividiría entre Alemania e Inglaterra. Asia se
dividiría entre China e India, finalmente, las Coreas y
Oceanía para Japón.

Obviamente nos tienen tan bien adoctrinados
con sentimientos nacionalistas que nadie aceptaría
tales propuestas, empezando por los administradores
propuestos. Acepto que México es un caso especial
con la defensa de la cultura ya que, a pesar de la
amplia contaminación gringa, hay mucha identidad y
tradiciones netamente mexicanas que han soportado el
paso de los siglos, cosa que no se puede decir en otros
lares del planeta en donde anhelan el "American Way
of living".

Ya no mataran indios ni se esclavizaran negros
ni otras prácticas clásicas de la mal llamada

humanidad. Esas actividades ya no son necesarias al ver cuánta gente, en los países infradesarrollados, muere en la ignorancia y la miseria, por hambre, por sed, por frío, por calor, por enfermedad o por violencia física. Este desequilibrio se presenta por los que amasan cantidades obscenas de riqueza económica, lo que ocasiona (por el equilibrio natural de las cosas) que haya quien no tiene nada.

Alguna vez le pregunté a una mexicana con novio europeo "Supongo que prefieren vivir en Europa" pero, para mi sorpresa, me contestó de manera muy honesta "¡Para nada! La vida en Europa es muy cara y en México tienes muchos esclavos baratos". Moralismos aparte, tiene lógica su respuesta. En Alemania se le pagan unos 8 Euros POR HORA a una persona que te ayude con la limpieza, cuando en México hay quien les paga unos 6 Euros por TODO EL DÍA. Además de que la alemana no lava ropa o plancha (eso significa otra tarifa).

Esto mismo se ejemplifica con tanto servicio barato que uno encuentra en los países de Latinoamérica. Cuando fui a Cuba me sorprendí de lo barato que era todo (y eso que nos daban precio de turista). Ahí es donde radica la desigualdad, ya que en países desarrollados un fontanero, un eléctrico, un panadero, un taxista, un obrero y demás personas que ejercen este tipo de oficios, tienen acceso a un nivel de vida digno, algo que no pasa por estos lares.

Esa desigualdad es la que aprovechan(mos) los círculos de en medio y arriba para sustentar el nivel de vida. Por lo mismo en lugares como Alemania, Japón, Inglaterra o Canadá, la vida es más cara PERO con la salvedad que la calidad con la cual viven es envidiable, pero ahí no es tan alevoso el sometimiento que hacen las clases de arriba de las de en medio o abajo, por lo que la mayoría puede vivir relativamente bien.

Todos queremos un mundo más justo, pero queremos que "todos los demás" lo hagan, no nosotros, quienes no queremos sacrificar nuestro bienestar por una bola de piojosos, flacos, panzones y ojerosos. Nadie quiere que afecten nuestros beneficios y, no voy a mentir, tampoco quiero que me quiten lo que he ganado con mi esfuerzo. Todo forma parte de esta ideología que está mal de raíz, ya que todos percibimos justo lo que nos ganamos con el esfuerzo propio pero, al ver el estado de la mayoría de la humanidad, te hace ver que hay algo mal en el sistema que reparte la riqueza mundial.

Creo que deberíamos preocuparnos, porque si sigue creciendo esa desigualdad social, tarde o temprano nos va a alcanzar una catástrofe, porque TODOS habitamos el mismo lugar, no es como que expulsemos a los jodidos de la Tierra para evitar que sus problemas nos alcancen.

Todos hemos usado el discurso políticamente correcto de que "Todos somos iguales", de igual forma, todos reconocemos que tenemos derecho al agua, a los servicios básicos, a la comida, a un trabajo, a la educación, a la salud pública y demás aspectos para asegurar una existencia digna.

Estamos de acuerdo en los derechos humanos, el problema radica en que nadie dijo cómo se debían lograr, ¿acaso se logra dándole a un indigente una moneda? ¿Quién puede culpar a quién? Ninguno de los que nacimos, en teoría, somos responsables "porque el mundo ya estaba así cuando llegamos". Egoístamente lo digo, sin ser una persona rica, me ha costado trabajo tener lo que tengo y disfrutar mis gustos, y eso que no estoy tan enajenado por el sistema consumista.

También hay quien acusa a los vagabundos argumentando que no se han preocupado por encontrar trabajo pero, honestamente, ¿Cuántos le van a dar trabajo a un indigente? Creo que menos del 1%.

¿Dónde radica la justicia y la injusticia? De acuerdo a las reglas que el sistema capitalista nos ha impuesto, cada cual es responsable de lo que tiene, y es su derecho tenerlo y disfrutarlo. Pero aquí llega otra pregunta ¿la gente miserable también se ha ganado su miseria? Es probable ¿Son huevones o son víctimas de las circunstancias?

El único caso de alguien asquerosamente rico que ha donado la mitad de su fortuna es Bill Gates, aunque obvio lo hace por deducir impuestos, pero por lo menos ayuda en lugar de hacer tranzas como Carlos Slim que nunca donaría la mitad de su fortuna. A pesar de la donación de Gates, sigue siendo asquerosamente rico. ¿Por qué los demás no lo hacen? Porque el hecho de poseer les da identidad, es obvio que esa cantidad de dinero no se la van a acabar ni sus tataranietos llevando un nivel de vida asquerosamente opulento, pero el poseer tantos ceros les da "cache".

Vuelvo a nivel de cancha, es muy fácil señalar a quienes poseen miles de millones de dólares, acusarlos de que tienen demasiado y den más a la humanidad es sencillo. Técnicamente, el planeta tiene recursos suficientes para que todos los habitantes del mismo vivan de manera digna. Para lograr eso, no sólo los que tienen fortunas obscenas, también los de clase media, deberíamos sacrificar algo de nuestro patrimonio para mitigar la miseria mundial.

Estimado lector, ¿Usted sacrificaría la mitad de todas sus posesiones para lograr la igualdad en el mundo? Personal y honestamente contestaría "Yo no. Porque lo que tengo me ha costado trabajo y me lo he ganado con justicia". Claro que no poseo una fortuna porque tampoco quiero ser asquerosamente millonario. Ahí entra el dilema de esta situación: ciertamente cada cual se ha ganado las posesiones que tiene (o eso quiero pensar), por otro lado, tenemos miles de millones de congéneres que están sobreviviendo en la miseria. Nadie pidió nacer en la pobreza, aunque sí hay algunos casos de gente que encontró el éxito saliendo de orígenes muy humildes.

¿Dónde está el punto medio? Por un lado hemos aprendido a quejarnos, y a muchos se nos ha educado a pelear o perseverar para obtener lo que queremos. Tal vez es justo lo que uno ha conseguido pero, por otro lado, es injusto que haya mucha población en condiciones deplorables. De ahí mi propuesta de dividir el mundo en cinco "Reinos", ya que sería menos complejo repartir la riqueza entre menos entidades a nivel mundial, ya que se tendría que ver por menos intereses pero de mayor magnitud.

¿Dónde radica el bien y dónde el mal? Todos queremos que haya justicia, pero nadie quiere ser el primero en dar el ejemplo, todos queremos que alguien más actúe por el bien general. El dilema moral, existencial, ético, social y demás nos hacen realizar algunas actividades (Redondear centavos, darle una moneda a un niño que hace malabares, regalar ropa vieja o hacer pequeñas donaciones) para apaciguar la culpa, pero que nunca resolverán el problema. Como veo las cosas no vamos avanzar mucho en las siguientes generaciones, porque se están volviendo aún más egoístas que las actuales.

15 de Marzo del 2013

A veces el dinero sí da Felicidad

Soy el primero en criticar este sistema capitalista que nos programa para encontrar la felicidad a través del consumo. Por eso mismo, a pesar de mis características socioeconómicas, en realidad llevo una vida austera de manera cotidiana. Dentro de mis pocos vicios se encuentran los libros.

Hace unas tres semanas, acabé de leer "Juego de Tronos" y me quedé muy picado. Por precaución sólo me había comprado el primer tomo (por si no me gustaba), así que me frustré al terminar y no tener el tomo dos para iniciarlo de inmediato.

Ya que cada tomo es caro ($400), prefiero comprarlos en la librería del CCU, en donde son 20% más baratos ($320) ¡pero aún no les habían llegado! Así que pacientemente esperé, mientras tanto me entretuve leyendo a Coelho ("Veronika decide morir") y "El Gran Gatsby" (De F. Scott Fitzgerald).

Ayer hablé a la librería ¡y ya habían llegado mis libros!, así que fui en la tarde por mis cuatro ladrillos faltantes para completar la saga. Normalmente soy muy mesurado con mis gastos pero, no lo voy a negar, cuando hago uso de mi poder adquisitivo de forma gozosa (4 libros de $320 c/u) es una sensación padre.

El gusto viene de adquirir los libros, no por comprar en sí. Pero no puedo dejar de agradecer que pueda permitirme estos gastos. En días así me siento muy feliz.

Cuatro de Mayo del 2013

La Miseria de acumular (Parte I: El dinero)

Aclaro, al hablar de miseria no me refiero a los que carecen de dinero, al contrario: me refiero a los que sólo piensan, viven, actúan y respiran en función al él. Y lo sé porque me educaron así.

Desde niño tenía muy claro que el Dios Todopoderoso que regía nuestros destinos era el Dinero, ya que la presencia o ausencia del mismo dictaminaba lo "felices" o "enojados" que estaban mis papás, si éramos "buena" o "mala" familia, la mayoría de las pláticas se centraban en él y la totalidad de las peleas también eran originadas por él.

No era de extrañar que mi "Abuelastro" expresara abiertamente a todos sus nietos (incluyéndome aunque, en realidad, no lo era) "¿Cuánto tienes? Tanto vales. ¿Nada tienes? ¡Nada vales!" Eso permeó en su linaje, incluido mi papá adoptivo y, al mismo tiempo, acabó marcando a toda mi familia.

Los que viven únicamente para tener plata, es lo que obtendrán al final de sus días: sólo dinero. Sin embargo, al final de sus vidas se quejan de la falta de vínculos fuertes de amistad, familiares o sentimentales; a veces se dan cuenta al final y algunos ni siquiera entonces.

De igual manera pasa con los que, entre más posesiones y status tienen, necesitan aún más para saciar su inagotable voracidad. El problema es que las cosas te empiezan a poseer en lugar de ser al revés. Entre más grande es tu casa, el coche es más lujoso, las ropas son de marca reconocida y asistes a lugares más exclusivos, aumenta el estrés de mantener ese nivel, tienes que invertir para que nadie venga a dañarte o a quitártelo. Empiezas a contratar distintos seguros, a proteger tu casa y servicios de seguridad, inclusive guardaespaldas; debes tener cuidado en dónde te estaciones y aumentan los lugares por dónde no debes pasar para evitar riesgos.

Obviamente muchas de esas acciones son para la población en general, sobre todo con los niveles de criminalidad que hay pero, entre más posees, menor es tu tranquilidad en un país como el nuestro, en el cual tus preocupaciones crecen de acuerdo a tu status, lo que acaba afectando tu calidad de vida.

El año pasado, en Cuba, constaté que la felicidad puede existir sin el dinero, ya que, generalmente, el cubano es pobre materialmente pero rico en su interior, esto a comparación del resto del mundo, incluidas las potencias económicas. Aunque tampoco voy a negar que el caribeño busca sacarte alguna moneda con desesperación porque TODOS necesitamos dicho recurso para subsistir con algo de dignidad y es que, tristemente, no podemos sobrevivir sólo de amor y amistad.

Máxima egestas avaritia
La avaricia es la mayor pobreza

El isleño tiene que aprender a ser feliz con poco, porque no tiene elección, pero también evidencia la enajenación del capitalismo que nos dice que "Dinero = Felicidad". Existen lugares que han sufrido guerras, desgracias naturales o humanas que les significa la ruina y, sin embargo, salen adelante. Pareciera que algo horrible nos va a pasar sin el dinero pero no me imagino qué podría ser peor que la muerte para que nos comportemos de manera tan paranoica. El capitalismo extremo nos trunca la dignidad de sabernos capaces de salir adelante, y es que tenemos tatuado el miedo mediante un condicionamiento.

Hace un año, antes del viaje a la isla, iba a ir con unos amigos en condiciones similares a las mías: solteros sin familia que mantener. Al final no fueron porque estaban endeudados. No niego que me molesté, esto debido a mis finanzas sanas (a pesar de un crédito hipotecario que pago puntualmente) y que ellos tuvieran tantas deudas sin tener una familia a la cual proveer.

Su situación era un efecto claro del capitalismo que tenemos tatuado: vive para consumir sin importar que no tengas con qué pagar o ni siquiera necesites lo que estás comprando. Ambos estaban pagando tarjetas de crédito. ¿Qué va a pasar si un día se casan? La miseria se genera desde antes, porque si de soltero ya vives apretado por las deudas, no me los imagino con vida familiar. Eso pasa cuando habitas en una sociedad en la que existes para comprar, para gastar y mantener un status.

Cuando no tienes control de tus gastos las cosas te poseen a ti; cuando tienes que despilfarrar para no perder un Status Quo, es obvio que tu diario acontecer no sea tan divertido, eso sin mencionar cuando tienes que pagar colegiaturas y demás gastos que trae el engendrar, donde los compromisos se multiplican pero no así los ingresos.

En mi visita a Orlando, gasté más de lo previsto así que, durante tres semanas me vi bastante limitado económicamente, sensación que me desagradó en absoluto pero, por lo menos, sabía que tenía un límite. No me imagino a los que viven así todo el tiempo, la verdad es que ningún lujo puede sustituir la tranquilidad de tenderte sobre tu almohada sin pendientes.

A nadie le gusta perder su trabajo pero, al ver la situación antes mencionada, para algunos en realidad sería el fin del mundo por el embrollo financiero que se metieron, esto por no tener tranquilidad ni independencia en su ser y ser una simple marioneta del sistema consumista en el cual respiramos.

Cada cual es responsable de sí mismo, por lo que debe aprender a administrarse y saber que cualquier cosa puede cambiar, nada se mantiene constante. Personalmente estaba igual de dogmatizado que el resto (y tal vez aún lo esté), así que he logrado reducirle de intensidad a ese anhelo material que regía mis días.

"Mientras se trabaja, uno no le mira a la vida los ojos" – Carlos Ruiz Zafón ("La Sombra del Viento")

Nadie puede tener una misma fuente de ingresos indefinidamente, por lo cual sería prudente tener una actitud más responsable con las finanzas personales (más aún si hay familia de por medio). Mis ahorros de dos años se fueron repentinamente en un fraude, todo producto de la codicia.

Me hice consciente que eso lo pude invertir en viajes, arreglos para mi casa, fiestas, comida y demás. Por el deseo de tener más me quedé con menos. Comprendí lo efímero de lo material porque se puede ir con pasmosa facilidad con una enfermedad, un accidente, una extorsión, un despido, un desastre natural, un fraude, un robo y tantas otras circunstancias.

Obvio hay que ahorrar porque siempre es necesario estar "blindado" contra cualquier contratiempo además de tener cubiertas las necesidades básicas. Muchos gastan en lujos, se sienten celestiales para no verse afectados por los imponderables que nos afectan al resto pero, cuando llegan los imprevistos, se las ven muy negras. Muchos confunden vivir seguros y plenos con hacerlo rodeado de cosas innecesarias.

Ahora, ¡claro que hay que cuidar nuestras posesiones! Porque nos han costado trabajo, tengo protecciones en mi casa porque soy consciente de dónde vivo pero no es cómo si sólo le diera importancia a lo material. Ahora que he invertido más en mí (porque sólo hay vida para disfrutar), me siento más pleno y feliz que hace 10 años.

"Ni tanto que queme al santo ni tanto que no lo alumbre" reza el dicho, hay que ser previsor con el largo plazo, pero no enajenarse con esa idea porque nadie tiene comprado el mañana. La neurosis que hemos desarrollado como raza nos hace lamentarnos de nuestro pasado con arrepentimientos, anhelos y nostalgias que nos atan a él, por otro lado vivimos esperanzados y asustados por un futuro que nunca va a llegar. Por estos motivos acabamos descuidando el único tiempo real que tenemos para existir: Ahora. Podremos lamentarnos por lo que dejamos ir o estar a la expectativa de lo que va a llegar, pero no sabemos invertir lo que tenemos ahora, siempre lo usamos para recuperar lo pasado o asegurar el futuro pero rara vez lo utilizamos provechosamente en el presente y en nosotros.

Como expresé en su momento, no estoy loco para vivir en el socialismo, pero tampoco es muy sano vivir en el capitalismo voraz que respiramos día a día. ¿A dónde nos dirigimos con este enfoque exclusivo a lo material? Los jóvenes actuales son un reflejo fiel de lo que hemos hecho como sociedad, sé que sueno como viejito achacoso moralista, pero esta dinámica nos ha traído muchos divorcios, la degeneración social y el condicionamiento a poseer, de siempre tener lo mejor (sin importar que se merezca o no), también permea en la personalidad, en las relaciones, en la familia, con los amigos y demás que nos hacen ser cínicos.

Esa codicia, esa miseria de acumular, esa necesidad de adquirir sin importar que sea necesario ¡Necesito mucho! ¡Necesito mucho ¡Necesito mucho! ¿Para qué? La mayoría no sabrá dar una razón de fondo, porque casi nunca se ponen a analizar este comportamiento consumista, que es tanto una programación social como una neurosis. Cuando ya tienes tanto empiezan las preocupaciones, porque ya no puedes permitirte tener menos (al contrario) y entre buscas más, también debes cuidar todo lo que lograste antes (aunque en realidad ya no te importe el objeto en sí, sólo te satisface tenerlo).

"En Occidente pierden la salud y la vida por conseguir dinero todo para que, al final de la vida, se gasten su dinero tratando de recuperar la salud" – Dalai Lama.

¡Nadie quiere tener menos! ¡Siempre queremos tener más! Como decía Lou Marinoff: "No importa que nada nos haga falta, si alguien nos pregunta si queremos más, vamos a responder ¡Por supuesto!" Esa dinámica agobiante e incesante nos impide disfrutar lo que tenemos a la mano por cuidar lo del pasado y anhelar lo del futuro, y ahí despilfarramos el tiempo que nos queda de vida, lo único que en realidad es nuestro.

Cuando empecé a salir a mi hora de la oficina, recibía cometarios, aunque ya no tantos como al inicio, de que me quedara más tiempo y buscara un desarrollo dentro de la empresa. Claro que me gustaría pero, en este momento de mi vida, disfruto mucho mis actividades fuera del trabajo, las cuales tendría que sacrificar para cursos, estudios, proyectos y demás. ¿Para qué? ¿Más dinero? ¡No lo necesito! No soy rico (hablando materialmente), tengo una hipoteca que saldar, tengo compromisos económicos que pagar mensualmente, pero no estoy con la soga al cuello.

Me gusta mi vida actual y, tal vez, si cambia radicalmente en el futuro (con una pareja o una familia), tendría que buscar más recursos. He aprendido que se puede lograr una buena vida sin necesitar más dinero (cuando se tiene a una mujer inteligente y se educa a la familia de manera sensata). Tengo la firme intención de no volverme a relacionar con una fémina con una visión financiera tan

radicalmente distante a la mía, sólo lo haría con una
que se interese en un crecimiento personal además del
económico.

No es obligatorio el convertirse en cerdos
capitalistas por vivir en una sociedad consumista. Es
una ventaja que tenemos contra los cubanos, mismos
que no tienen opción contra el socialismo y nosotros
sí podemos elegir escalones intermedios en nuestro
sistema. Se puede tener una vida tan sana como
quieras (tanto corporal como espiritualmente) en el
mundo occidental. No voy a clases de Yoga, no aplico
el Feng Shui ni soy seguidor del Reiki pero, al igual
que hago con la política o con mis creencias, ejerzo
mi espiritualidad a mi manera, forma y ritmo.

Aún no llego a dónde quiero estar pero voy
por buen camino y, felizmente, no me ha faltado el
dinero, porque intento equilibrar mis facetas personal
y laboral (que disfruto mucho).

Admito que escogí mi ingeniería por dinero,
pero soy feliz: acabé en una gran empresa con la
carrera adecuada y eso aporta mucho a mi estabilidad.
No me imagino a quienes, aún ganando mucho dinero,
son infelices con lo que hacen; peor aún, que carecen
del valor, por compromisos familiares, de cambiar de
camino ya que no quieren perder su seguridad
financiera (aunque su existencia sea un suplicio).

Desperdicié gran parte de mis años sólo
buscando dinero porque sí, felizmente reaccioné y me
siento más afortunado por ello que triste por el tiempo
perdido, es mucho más a comparación de los que
nunca lo notan. No es lo mismo ser rico que ser
próspero, la gente tiende a creer que la riqueza

material trae consigo la prosperidad personal o espiritual. Hay mucha gente tan pobre y miserable que sólo tienen dinero y es hasta el final de sus vidas que se dan cuenta y lo lamentan.

"Rico es aquel que tiene los placeres más baratos" – Henry David Thoreau

El dinero no es importante per se, es importante tener suficiente para cubrir las necesidades básicas, obteniendo la posibilidad de desarrollarte en otras facetas personales, de alcanzar otros objetivos que te hagan valorar tu vida, para eso sirve el dinero: para olvidarte de lo básico y ocuparte de necesidades más elevadas.

El que busque dinero como fin, y no como un camino para llegar a metas valiosas, está destinado a una existencia miserable porque nunca tendrá suficiente para cubrir su ambición, sin importar los millones de dólares o Euros que pueda tener, siempre se sentirá pobre por no tener lo que anhela. En eso radica la riqueza: no en ser millonario, pero sí tener una vida plena en la manera que la percibes y experimentas; tener lo suficiente para algún lujo esporádico, y disfrutarlo, a diferencia de muchos que están rodeados por lujos y su alma se siente pobre.

Ocho de Agosto del 2013

La Miseria de acumular (Parte II: todo lo demás)

Satis divitiarum nihil amplius velle
Bastante riqueza es no desear más. Quintiliano

A lo largo de los años en mi trabajo, al momento de planear vacaciones, me he dado cuenta de una costumbre muy común. Cada cual tiene cierta cantidad de días anuales, pocos somos los que las tomamos en el periodo correspondiente. Lo que sí es común, tristemente, es que se tengan muchos días acumulados de años pasados que no han disfrutado.

Pareciera que el acumular tantos fuese un signo de abundancia, aunque en realidad es algo tonto. De nada sirve que tengan demasiados, al grado que algunos se sienten felices de decir: "Sí, ¡Tengo 60 días por tomar! Los cuales puedo disfrutar cuando quiera". El problema es que no lo hacen, es más, me ha tocado ver a muchos que salen del departamento o la empresa y nunca los usaron. De nada sirve tenerlos acumulados si no los disfrutas.

Mi papá adoptivo estaba constantemente en el trabajo, sólo nos veía los fines de semana (los cuales eran un suplicio por su mal carácter). Me constaba que era un apasionado de su labor porque era tema omnipresente en sus monólogos disfrazados de conversaciones pero, hasta donde recuerdo, mi infancia no se caracterizó por lujos, de hecho muchos de mis amiguitos (cuyos padres sí conocía porque estaban a buena hora en sus casas) tenían más comodidades que nosotros, ¿de qué sirvió tanto trabajo si acabas alejado de tu familia?

Muchos se enfocan durante años al dinero, sin estar conscientes de dicho comportamiento pero, irónicamente, no mejoran en nada su posición económica. Lo triste es que sacrificaron salud, bienestar, convivencia familiar, vacaciones, horas de sueño, ejercicio, películas, fiestas y demás oportunidades gozosas que no volverán jamás. Al final el dinero obtenido en ese período no se refleja en una mejora a largo plazo ni en el bienestar propio ni de los seres queridos.

Tenía un profesor en la Universidad, el cual tuvo muy buen puesto en Coca Cola, que nos comentaba: "Ganaba montones de dinero, viajaba a todas partes del país y me trataban como Rey pero ¿De qué me servían tantos billetes si no tenía tiempo para gastármelo? Nunca tenía un fin de semana libre y rara vez algún día festivo, ¡pero mi ego estaba feliz porque era importante! Aunque no tuviera libertad para vivir mi vida"

Con estas actitudes no es de sorprenderse que las esposas, rodeadas de lujos pero sin atención "personalizada" se busquen un amante o que los hijos no sientan ningún arraigo al padre pero, si no convivieron con ellos ¿Cómo demonios quieren que haya un vínculo? Eso pasa cuando regalas tu vida a cambio de dinero.

"Lo difícil no es ganar dinero, lo difícil es ganarlo haciendo algo a lo que valga la pena dedicarle la vida" – Carlos Ruiz Zafón ("La Sombra del Viento")

La miseria o prosperidad radica en la actitud que uno asume. Muchos se preocupan al pensar "¿Y si un día no llega a haber suficiente?" y ahí se acentúa su miseria y acumulan neuróticamente para el día que no llegue a haber (aunque nunca llegue), sin importar que tengas recursos sobrados para salir adelante, pero puede más su actitud miedosa y timorata que los hace preocuparse por un peligro ínfimo y descuidan las bondades de lo que en realidad poseen.

Era un fiel ejemplo de esa actitud, hasta que la cambié de manera paulatina. Ya no me preocupo por si llega a haber, lo cual no quiere decir que sea un despilfarrador. Como mi postura ante la prosperidad ha cambiado, casualmente, siempre hay sin que haga algo en especial para cuidarme, sin tener que ser rico, tengo poco más de lo suficiente para ser feliz.

Hay quienes requieren rodearse de objetos caros con los que ocultan o disfrazan su miseria personal. Accesorios llamativos que captan la atención de gente igualmente superflua que prefieren ignorar su pobreza mental, moral o espiritual.

Como sociedad capitalista, estamos condicionados a buscar la felicidad a través de poseer sin límites, ignorando el hecho que el vacío que tenemos no se llena con cosas materiales. Alguna vez leí que invertir en experiencias es mejor que hacerlo en cosas tangibles, porque queda una mayor satisfacción en el interior que las que le dejan las posesiones en sí.

Durante muchos años me preocupaba exclusivamente por el dinero pero, gracias a distintas vivencias y terapias, me ido enfocando más a mi bienestar y experiencias: ahora me cuido más, viajo y priorizo mis actividades lúdicas sin tener que preocuparme por el dinero que cuesten o dejen de costar.

Antes ahorraba mucho, al grado de comprarme mi primera casa relativamente rápido, pero no me sentía feliz, ni pleno ni nada de nada, era como un requisito más a cumplir, además de que ¡necesitaba más dinero! (no fuera a perder mi status). Cuando cambias el enfoque de las cosas, la situación económica no da un cambio tan drástico como te imaginabas. Cuando la prioridad es la paz y felicidad, disfrutando la vida y tomando al dinero como medio de vivirla (no como meta), tu realidad cambia. Ya no ahorro tanto, ahora invierto (en mi casa y en mí), con la diferencia de que ahora sí me siento feliz con lo que hago de mis días.

Cuando disfrutas lo que haces, el dinero (de alguna manera) llega solo y hasta me siento más próspero que cuando estaba enfocado en él. Antes cuidaba peso a peso y sentía un estado de precariedad económica constante, hoy que ya no tengo un control tan estricto, nunca me he sentido apretado (aun pagando mi crédito hipotecario). De hecho puedo irme tranquilamente de viaje o irme con mis amigos a lugares cercanos de fin de semana, me compro más libros o me consiento más, incluso compré la Lap Top en la que estoy escribiendo esto, algo que antes hubiese sido impensable.

¿Acaso me volví el Rey Midas? ¿Contraté a Og Mandino? ¿Le hice caso a Robert Kiyozaki? No creo haberme convertido en mejor administrador, simplemente cambié la actitud miserable y mezquina enfocada exclusivamente al dinero. Muchos no están de acuerdo con lo escrito y ciertamente me dicen "Es que puedes gastar más" "Es que eres un pinche codo" y demás estupideces. Nunca se le puede dar gusto a todos, no entienden que, afortunadamente, tengo placeres muy baratos (con excepción de los viajes).

"Es bueno ser humilde, mas no mísero" – Augusto Reynoso

Y es que hay quienes necesitan ir a un restaurante carísimo, ver el cine en salas VIP, ir a tiendas exclusivas para andar con ropa de marca, requieren con extrema urgencia los aparatos de última tecnología, todo porque la contaminación del mundo capitalista así se los dicta.

Esa miseria se extiende a otros aspectos de la vida cotidiana. Por ejemplo, si tengo números en mi celular que no he contactado en más de un año, opto por avisarles y borrarlos, costumbre que ha sido fuertemente censurada por mis conocidos, porque me dicen que "algún día" podría necesitar de esas personas. Es factible que en alguna ocasión me sea de utilidad tener ese número pero, honestamente, me daría pena hablar con alguien después de mucho tiempo sólo para pedirle un favor. Me parece sana, práctica y auténtica mi postura: Si no ha habido interés de ninguna de las dos partes por mantener una relación, ¿para qué mantener el número?

En el Facebook, ¿Cuántas personas tienen miles de contactos que ni conocen? ¿Por qué lo hacen? Por el simple hecho de "poseer" más, los cuales los hacen mejores que los que tenemos menos.

El agobio de poseer más siempre acaba permeando en todos los niveles. Originalmente el blog nació como una necesidad personal de expresarme, sin importar quiénes fuesen los lectores. Sin embargo, a fuerza de compartirlo, fue creciendo en la cantidad de seguidores y, felizmente, a muchos les mueve lo que escribo (aunque no todos los comentarios sean positivos).

En las elecciones presidenciales pasadas, con los ensayos que escribí al respecto, las visitas diarias al blog se duplicaron, ya que era el tema de moda. No niego que hubo un punto en dónde me emocioné y decía "¡Sí! ¡Más lecturas! ¡Más lecturas!". Justamente en esas fechas, compartí el escrito sobre mis perras con una chica que perdió a la suya tiempo atrás, y su contestación fue tan bonita, admitiendo que le había sacado lágrimas, que recordé las prioridades.

Claro que me encanta tener más de 67000 visitas hasta la fecha y me emociono que me lean de distintos lados, pero es más importante alguien que me expresa su sentir (ya sea para mentarme la madre o para decirme que la conmoví a las lágrimas) que 100 visitas de desconocidos (lo bueno que las mentadas de madre son las menos).

Con este ejemplo quiero dar a entender que las cuestiones de placer también se tornan en cuestiones de poseer. Esto lo inicié por y para mí, no por los lectores (que me halaga que lo sean), sin embargo caí en esa manía de checar a cada rato cuántas visitas había tenido: si al final de la semana había "cubierto la cuota" me ponía muy feliz o, de lo contrario, me frustraba tener pocas visitas.

El blog no era para eso, aunque sean pocos los lectores, lo importante es que piensen y sientan algo, que se lleven algo de mis ideas. Sin darnos cuenta nos volvemos codiciosos (hasta con las míseras visitas de un blog amateur). Me hice consciente de la ambición de lecturas me carcomía en lugar de sentir la felicidad por escribir, dejé de promocionar el blog vía mail y volví a ser feliz escribiendo lo que quería y cuando quería, si alguien más lo leía, ya era una ganancia adicional, no la prioridad.

Pasando a temas de ropa, personalmente creo tener demasiada (aunque la totalidad sólo ocupa la mitad del closet), pero me desengaño cuando mis amistades ven mis armarios, invariablemente, dicen: "Lo que yo haría con todo este espacio que tienes", lo cual me da a entender que, en realidad, tengo pocas prendas (o mejor dicho, no tengo exceso de ellas).

He conocido personas con una cantidad obscena de ropa, con tal de decirles que tenían más prendas en ese momento que la que jamás voy a usar en toda mi vida. Pero muchas databan de su adolescencia y ahí las tienen sin regalarlas o tirarlas ¿Para qué? Dudo que las vayan a volver a utilizar, pero son tan mezquinas que no las regalan.

¿Cómo mantengo un nivel óptimo de ropa? Cuando renuevo mi guardarropa en Enero, si traigo 10 prendas nuevas, deben de salir otras 10 del armario, y es que tengo la cantidad suficiente para no parecer retrato, teniendo variedad, pero para no ahogarme en ropa. Toda la que tengo la uso, algunas más o algunas menos, así se me facilita identificar (Al final del año) lo que tengo que regalar. No entiendo a los que guardan prendas que tienen años sin usar, ¡pero ahí las tienen! ¿Por qué no darlas para que alguien las aproveche? ¿Para qué ocupar espacio con algo que no va a volver a usarse?

Alguna vez leí que el principio de la prosperidad se da a través de los espacios. Hay tanta gente que acarrea tantas cosas (tanto emocionales como materiales), que es imposible que algo nuevo entre a su vida, ya que no hay lugar para ello. Lo grave del asunto es que cuando compran ropa nueva, la apretujan contra la vieja, ¡Y ya tienes más! Tal vez sólo un pequeño porcentaje te sirva, pero eres feliz porque tienes más que antes y, en automático, eres "mejor" que ayer.

¿Cuántas cosas viejas tenemos arrumbadas? ¿Por qué no las sacamos? Porque puede llegar el día en que puedan ser útiles, sin importar que lleve años ocupando espacio y sin ser utilizada. Al escribir esto, me di cuenta que también tenía algunas cajas con artículos sin usarse y procedí a tirarlos. Creo que es muy del capitalismo que juntemos cosas que no necesitamos, por simple codicia, desde sentimientos hasta posesiones, lo cual significa más un lastre que un apoyo.

También hay gente tan mísera que sólo sabe hablar de su dinero y lo que han obtenido con él: "Es que me compré esta camisa que me costó carísima", "Este teléfono nadie más lo tiene", "Ayer me gasté $3000 en una peda con mis cuates" o "Esta noche ceno con mi novia en un lugar súper exclusivo y súper caro". Honestamente, no me atrevo a preguntar "Oye ¿No te pasa nada bueno que no tenga que ver con dinero?" Porque quedaría pasmado, porque sé que la respuesta sería un "no" rotundo, a ese nivel de enajenación está su programación.

Para estos sujetos el mundo y la felicidad son iguales al dinero. Me da mucha flojera "hablar" con dichos individuos, en primera porque sólo escucho, ya que están muy interesados en hacerte saber lo mucho que valen por todo su dinero. Con esto su pobreza está demostrada y es la peor de todas: la espiritual, personal o sentimental, ya que no pueden concebir la vida sin dinero.

De igual forma conozco a otros que desde hace lustros buscan la prosperidad a través de cartas, embrujos, de buscar tesoros enterrados en el patio de atrás, de tratar de ganarse la lotería (aunque nunca compren boleto). Si todo ese esfuerzo lo invirtieran en su bienestar en lugar de atenerse a que el destino les conceda la prosperidad, les aseguro que tendrían una mejor calidad de vida, teniendo o no dinero. Irónicamente invierten en tanta tontería que su miseria se torna más crónica. De hecho, estas personas a las cuales hago referencia, ahora son más míseras que cuando empezaron a buscar dinero con tanto ahínco.

Ille dolet vere qui sine teste dolet
Siente verdadero dolor el que lo sufre sin testigos. Marcial

Hay gente tan mísera que está acostumbrada a llamar la atención mediante sus desgracias. He conocido personas cuyo tema de conversación gira únicamente alrededor de sus males: de lo infelices que son, de las enfermedades que sufren, del dinero que les hace falta y de lo mala que es la vida. Cuando les tengo la suficiente confianza me he atrevido a preguntarles "Oye ¿Acaso no pasa nada bueno en tu vida?". Obviamente mi pregunta los deja fríos (con esa intención la planteé), ya que los hace conscientes de su enfoque en lo malo que les pasa.

Muchos se adhieren a lo malo, disfrutan viviendo en ese plano existencial, entonces su paso por esta realidad se vuelve un sufrimiento crónico, un infierno en vida en el cual se revuelcan y disfrutan recibiendo la lastima de los demás.

Como país también se refleja ampliamente la miseria. La cultura mexicana es una claro reflejo de la ideología de "Come cuando hay", porque siempre nos apañamos los beneficios a corto plazo, sacrificando los de largo plazo aunque sean mayores. Esa falta de serenidad y/o paciencia nos ha sido muy costosa, la mentalidad de satisfacernos ahorita sin ver más allá hace que merezcamos cabalmente lo que tenemos como sociedad.

Esa actitud tan irrespetuosa de agandayarte lo que encuentras sin siquiera preguntar de quién es o que tus valores te hagan ver que no es tuyo, lo tomas en lugar de buscar al dueño. Por eso merecemos el país que tenemos. Por eso esta nación está en miseria colectiva, porque nosotros mismos la propiciamos. Las elecciones pasadas fueron un ejemplo perfecto, porque no pudimos aguantar 18 ó 24 años para consolidar un proyecto diferente, así que optamos por tirar todo y tomar los "espejitos" del régimen que nos jodió 70 años, aprovechándose de la inexistente memoria que tiene un país infradesarrollado como lo es México.

"La distinción que encontramos en el infortunio (como si sentirse feliz fuera un signo de vulgaridad, de falta de ambición) es tan grande,

que si decimos a una persona '¡Pero qué feliz es usted!', por lo general protesta" – Friedrich Wilhelm Nietzsche

Es chistoso pero la mayoría de la gente hace más escándalo por los problemas que por las bondades de la vida, porque no aprendemos a valorar todo lo bueno que tenemos, pero somos expertos en quejarnos por todo aquello que nos hace falta.

Recientemente recordaba a mi abuelita materna, y me doy cuenta que siempre la conocí muy austera, sin lujos ni una vida pretenciosa. Era muy digna, su casa estaba limpia y arreglada, la cocina siempre me parecía llena y siempre había algo rico que comer, nunca platos ostentosos pero ricos en sazón y amor. Ahora me doy cuenta que mi abuela nunca tuvo mucho dinero, tal vez el suficiente para subsistir, pero NUNCA fue mísera. Y al recordar eso, la imagen de la madre de mi mamá crece aún más en mis recuerdos, ya que habrá sido muy sencilla pero, tal vez sin que ella se diera cuenta, llevó una existencia muy sabia.

"¡Qué angustia de ya no tener más angustia! ¡Qué horror estar contento y asumir tu vida! ¡Qué espanto haber sido curado! Antes fastidiaba a todo el mundo y se ocupaban de mí. Hoy no fastidio a nadie y nadie se ocupa de mí. Nadie me ve y ¡Qué angustioso es no ser visto!" – Alejandro Jodorowsky.

Aunque no parezca desde afuera, llevo una existencia súper próspera; para lograr eso hay que tener la suficiente tranquilidad interior para necesitar poco, pero en este mundo capitalista nos programan

para lo contrario: para que tengamos necesidades
materiales insaciables . . . . y ése es el inicio de
cualquier miseria.

20 de Agosto del 2013

Felicidades efímeras y materialismo

"Se dice que el dinero no compra la felicidad, lo cual no es del todo cierto. Y es que comprarte cosas nuevas te proporciona una felicidad efímera pero, al final, todas las alegrías de esta vida son temporales, así que ¿Quién soy yo para despreciar una felicidad sólo por su duración? Claro que comprar cosas nunca alcanzará la potencia del abrazo de la persona a quien amas, del nacimiento de un hijo, la emoción de un viaje o la llegada de un cachorro a casa. Comprar cosas te da una felicidad de segunda categoría, más artificial y con una fecha de caducidad más breve, pero sigue siendo una (pequeña) felicidad. Ya sean pequeñas o grandes, creo que en esta vida no estamos para desperdiciar cualquier oportunidad que se nos presenta para ser felices" - Hebert Gutiérrez Morales.

Nueve de Julio del 2014

Miseria y generosidad

Una compañera de trabajo me comenta que su hijo ha empezado a coleccionar unos casquitos de NFL que vienen en el pan Bimbo, y me dice que tiene repetidos "¿No te interesan?" me los ofrece, obviamente sólo quería los de los Delfines de Miami, pero no los tenía, pero tenía de los Bills, así que pensé en Ponchorris y se los acepté "Son $12 pesos por los tres"

Me llamó la atención que me los cobrara, sobre todo por el monto tan irrisorio (considerando el salario que esta mujer percibe), pero se los pagué al momento. De todas formas se los regalé a Poncho sin mencionarle costo alguno, además me hubiera dado pena cobrarle por algo tan pequeño e insignificante. Sin embargo el hecho del cobro me llamó poderosamente la atención y me hizo recordar la miseria que yo mismo experimentaba.

Como he comentado en otras ocasiones, la miseria estuvo presente en mi educación, todo porque el Dios de la casa era el dinero, así que era un bien muy preciado, llegando a límites de pelearnos por 5 pesos. Esa actitud me acompañó gran parte de mi existencia, cuando les llevaba la cuenta a los que me pedían dos, cinco o diez pesos, y no los dejaba en paz hasta que me pagaban el monto solicitado (ya ni hablemos de montos mayores, porque en verdad mordía).

Eso no quiere decir que ahora me dedique a regalar mi dinero, sólo digamos que he aprendido a identificar a quien te pide una moneda sin malicia alguna y a los gandayas que siempre te piden y nunca se acuerdan, mismos que nunca "arrancan una flor de su jardín".

En fin, como ya expliqué en otro escrito, ya me he curado de esa programación tan mezquina y ahora estoy enfocado a invertir en experiencias en lugar de acumular dinero (más adelante retomaré este tema). Sin embargo, al ver la actitud de mi compañera de trabajo, veo que es algo muy arraigado en la educación de muchos y he visto caso extremos en mi trayecto laboral.

En específico tengo dos exjefes que son mezquinos como pocos, a pesar de ganar mucho más que sus subordinados (o séase nosotros), siempre que podían se hacían mensos para no dar la cooperación de los pasteles de <u>SU</u> grupo de trabajo, misma situación cuando se encargaban tortas, tamales y cualquier cooperación grupal, así que siempre terminábamos absorbiendo la diferencia entre todos o al pobre desafortunado que le tocaba organizar la comida. Inclusive uno de ellos llegó a cobrarnos unas galletas que su esposa (ella sí era una Dama) nos horneó <u>como regalo</u>, y el muy gandaya, hijo de puta, de su esposo nos las cobró.

Algo de lo que más me impresiona es que estos sujetos ni siquiera invierten en viajes porque, las pocas veces que han estado en el extranjero, son por temas de trabajo pero, por su cuenta, jamás han salido del país, es más, cuando salen de vacaciones lo hacen a lugares cercanos y económicos.

Pero estos individuos no sólo eran mezquinos con su dinero, en general, les cuesta dar algo. Por ejemplo, en cuestión de aumentos o promociones

NUNCA recibimos mis compañeros ni yo algo más allá de lo que la empresa da de cajón, y no estoy exagerando. Hasta que tuve otros jefes me enteré que podías recibir incrementos por un desempeño excepcional, nivelaciones si tu salario estaba muy bajo y otras formas de motivación que, con ellos, nunca se hicieron presentes. Esto daba como resultado que puestos similares de otras áreas tuvieran un ingreso mucho mayor a lo que se percibía en mi entonces grupo de trabajo.

Ya no voy a ahondar en dichos personajes, porque podría llenar un ensayo con más ejemplos y actitudes míseras, pero sólo me pondrían de malas. Así que vamos a enfocarnos en mí para continuar con este análisis, para después cerrar con dos casos de generosidad inteligente.

Recientemente, en Palo Alto (así nos hacemos llamar en mi cubículo), con una simple acción me hicieron reflexionar sobre mucho del origen de la miseria que experimenté durante muchos años. "¿Quieres estas galletas Hebert?" me ofreció Hans, mismas que no acepté debido a la mustia campaña que tenemos para bajar de peso en el área (y digo mustia porque, a la primera oportunidad, nos vamos a atiborrar de comida) "Ok, entonces las tiro" y antes de que completara el rápido movimiento al bote de basura, grité con desesperación "¡¡¡NNOOO!!!"

"No te atrevas Hans, dámelas, les voy a encontrar un hogar", mismo que fue el Pokemón a los cinco minutos. Tanto Iván como Hans quedaron sorprendidos con mi reacción tan exagerada y, obviamente, me lo hicieron notar. "Es que me educaron para no desperdiciar la comida" les expliqué.

Mucha gente cree que la miseria se origina en la pobreza pero, en mi experiencia, no he visto gente más generosa que la de clase humilde misma que, a pesar de tener poco, normalmente no dudan en compartirlo. Personalmente, creo que la miseria surge en las clases sociales solventes, ya que te acostumbran a recibir más de lo que mereces o necesitas, y de ahí tu necesidad de tener/acumular más de lo que en verdad requieres.

Así pasaba con mi madre y la comida, ya que siempre me chantajeaba con todos los niños del mundo que morían de inanición, y ahí aprendí a comer sin hambre, además de adquirir el fuerte dogma de que la comida no se desperdicia; creo que me sobran dedos de una mano para contar las veces que he dejado algo en el plato o tirado algo comestible a la basura (con su consecuente sentido de culpa).

Obviamente la intención de mi madre era noble: asegurarse que su chamaco se alimentara bien para crecer sano y fuerte. Lo que ella ignoraba es que tenía un pequeño engendro que había heredado la neurosis familiar, mismo que se lo tomó muy a pecho.

Ahora, no estoy sugiriendo que haya que desperdiciar comida (lo cual me sigue pareciendo un pecado mortal dentro de mis principios), sino enseñarles a los niños a medir sus necesidades y no pedir más de lo que requieren (tanto comida como lo demás), para que les sea más fácil desde pequeños y no tener que estarse reeducando en plena adultez, como es mi caso, en donde he aprendido a medirme a pesar de que mi estómago siempre pide más y, a veces, tiendo a complacerlo (ya no tanto como antes, eso sí)

Pero este fenómeno que experimenté no es tan raro en una sociedad que te presiona a que anheles más aunque, en realidad, no lo necesites. Así que, desde que surgió el capitalismo, el sentido común y la mesura pasaron a segundo término para dar paso a una insaciable codicia en la generalidad del mundo occidental (y no dudo que en el Oriental también).

Y no está mal poseer, la pregunta es "¿Para qué?" Porque muchos tienen por el simple hecho de poseer sin gastar ni un céntimo en su bienestar o en el de los demás. Pero lo contrario tampoco es deseable, como gastar lo que no tienes en lo que crees merecer. Se trata de un equilibrio.

Por muchos años me dediqué a acumular sin razón ni motivo, teniendo una existencia mezquina y pobre a nivel personal. Es hasta que aprendo a invertir el dinero en mí, que empiezo a experimentar la verdadera riqueza: ya no llevo un control estricto (centavo por centavo) de todos mis ingresos y egresos; casi todos los días como bien (ojo, no caro); si me gusta algo (lo que sea) me lo compro, así como procuro viajar mucho. A pesar de todo esto, aún hay gente que califica mi existencia de tacaña (no estoy de acuerdo, pero todavía hay quien me percibe así).

Ahora, no estoy diciendo que mi manera de vivir sea el ideal, porque baso muchos de mis lujos en mis fortalezas: Soy muy mesurado, así que sé que nunca voy a desorbitarme en gastos que estén más allá de mis posibilidades; no soy alguien "fancy", así que los lugares en donde como no son elegantes pero la comida es muy buena; y para los viajes que hago trato siempre de encontrar buenas ofertas. Se trata de gastar inteligentemente no simplemente tirar el dinero. No se trata de acumular a lo menso, ni gastar lo que no tienes, se trata de invertir en ti, de acuerdo al momento de vida que experimentas.

¿Acaso soy un ejemplo de equilibrio? ¡Claro que no! Aún tengo muchas manías y creencias que superar, porque puedo ser muy generoso, pero sólo con los que me interesan y/o quiero, porque los demás difícilmente me sacaran un céntimo (a menos que me agarren muy de buenas). Tal vez nunca logre el equilibrio óptimo, pero sé que cada día que pasa estoy más equilibrado de lo que jamás había estado.

Pero ahora les voy a hablar de dos ejemplos que están más equilibrados que yo, y que son modelos a seguir para mí: mi amigo Beto y Eli, mi jefa actual.

Algo que se me quedó muy grabado en la celebración de las bodas de plata de Beto es que no nos pidió regalo, en su lugar nos dio un sobre en el cual pusiéramos el monto que nos naciera. Los sobres cerrados se le entregaron, en ese mismo momento, al director de un orfanato, el cual recibió la donación con mucho agradecimiento y decencia.

"¿Por qué no pidieron regalos Beto?" le pregunté un par de días después "Porque no necesitamos nada más Hebert" fue lo que tranquilamente me contestó. Beto y Ari tienen una buena vida sin ser millonarios, tienen una buena casa y salen de vacaciones cuando pueden, tanto dentro como fuera del país. Son muy generosos y se brindan con gusto, y lo veo cuando me invitan a comer, en donde no me piden ni exigen nada a cambio (aunque siempre encuentro la forma de compensarles, porque no me sentiría tan bien de sólo recibir).

¿Beto gana más dinero que los personajes mencionados al inicio? Para nada, en realidad percibe menos que ellos. De hecho Beto es la única fuente de ingresos de su hogar y, aun así, tiene una vida más rica (en todos los aspectos) que mis exjefes arriba mencionados. La que sí tiene un ingreso similar a esos sujetos es mi actual jefa pero, al igual que Beto, ella es muy generosa al momento de dar.

Cuando llegué mi área actual, hace ya tres años, me empecé a llevar muchas sorpresas, sobre todo con el trato de la Gerente (Eli) hacia su grupo. Para empezar, en tu cumpleaños, ella te invita a comer; en las cooperaciones siempre aporta una parte muy superior a la que le toca; a veces, de la nada, tiene detalles con todo el grupo (como traernos un recuerdito de su viaje o comprarnos tamales), además de que en fin de año nos realiza una comida tan rica como abundante en su hogar, en donde nos da unos regalos muy buenos a cada cual (somos 15 en el grupo), y para esto no nos pide ni un centavo, todo lo pone de su bolsa.

Pero no sólo es a nivel ambiente, en cuestiones laborales hay reglas muy claras para dar incrementos, nada se basa en su criterio, sino en cifras claras. Aquí no hay eso de "No hay presupuesto chavos, así que confórmense con el incremento general", en esta área se premia a quién más se esfuerza.

De hecho, cuando llegué al departamento, recuerdo que Eli me dijo "Hebert, ¡ganas muy poco!" algo que me sorprendió, porque sabía que mi salario era "normal" en mi área anterior, así que mi jefa hizo gestiones para "nivelarme" al resto de su grupo. "Si haces un trabajo similar a mi equipo, es justo que tengas un ingreso similar a ellos" me argumentó.

Ahí me di cuenta que Eli es generosa por naturaleza porque no tenía ningún motivo para ver por mi situación, como de hecho hacen los otros individuos. Pero se esforzó y se peleó por mi caso. Lo mismo pasa con nosotros como grupo: si ella quisiera, se limitaría a dar su cooperación en cada comida y pagar su parte en un Restaurante en la comida de fin de año (como a veces hacían mis exjefes), pero no va con Eli, porque cuando uno aprende a ser generoso, lo es en todos los aspectos y, normalmente, la vida es generosa contigo de vuelta.

Si con nosotros es dadivosa ¿se imaginan con su familia? Pues lo es aún más. Su casa está hermosa, hacen buenos viajes (en México y el extranjero), no escatiman en educación, ropa o comida y, en general, tratan de obtener el mejor valor por su dinero.

¿Acaso mi jefa está endeudada? Para nada, una cosa es ser generoso y otra es tener una mala administración, porque Eli sabe ponderar lo que valen las cosas y, aunque siempre busca lo mejor, tampoco va a pagar precios ridículos por algo que no lo vale.

Aunque esto parezca una porra para mi jefa (que la tiene bien merecida), la intención de esta sección no es quedar bien con ella (porque ni siquiera lee el blog), sólo es para tomarla como ejemplo.

Al final, un buen ingreso no te asegura una existencia de lujos, el dinero per se no trae la prosperidad, sí lo hace una buena administración. No se trata de gastar irresponsablemente, porque también es estúpido caer en esa postura, pero es ser lo suficientemente inteligente para sacar lo mejor de la vida y darte una existencia "lujosa" sin que tengas que ser millonario.

Es cuando entiendo que hay personas tan pobres que sólo tienen dinero, porque no lo transforman en algo que enriquezca su alma, sólo se preocupan por tener más ceros en su cuenta bancaria, y eso les infla el ego, pero no trae un beneficio real a su alma o sus seres queridos.

Se dice que les niegas a los demás lo que te niegas a ti mismo, una actitud mezquina hacia los demás refleja lo mismo hacia ti. Como, también, ya comenté antes, desde que me volví más generoso conmigo y los demás, tengo la sensación que mis recursos rinden más y tengo una vida mucho mejor y con más abundancia que cuando cuidaba cada centavo.

En fin, espero que la compañera que mencioné al inicio de este escrito utilice esos doce pesos para algo productivo pero, sobre todo, espero que su hijo no aprenda esas mañas mezquinas porque a uno le cuesta "deseducarse" de esas cosas, cuando uno tiene la fortuna de hacerlo, porque hay otros que se mueren en esa dinámica y eso sí es triste.

20 de Enero del 2015

Los Tres Dólares

Siete de la mañana del Lunes, llego tranquilamente a la oficina, el señor que limpia los baños se muestra más amable que de costumbre "¡Qué raro!" me digo, cinco minutos después "sale el peine" de por qué tanta amabilidad.

Me habla con una vergüenza enorme, nunca había cruzado más de un "Buenos días" o un "Buenas tardes" con él. Ahora que le oigo más de dos palabras, me resulta evidente que no domina a la perfección el español, seguramente viene de alguna comunidad indígena de la sierra norte del estado.

Me comenta que intervinieron a su mamá en el seguro social, que la operación costo $5000 pesos, que sus hermanos y él están viendo cómo pagar y demás "Venga, ya no tanto verbo y saque el sablazo" pensé "¿Cuánto quiere? Para que lo mande a la goma".

Después de 10 minutos de explicaciones, con toda la pena del mundo, me pide prestados 50 pesos, "¡50 Pesos! ¿Tanto rollo para eso?" así que, sin mayor trámite, se los doy. En consecuencia me debo chutar otros cinco minutos de agradecimientos y promesas de que me los va a pagar en cuanto pueda, aunque no los espero de vuelta.

Para quién no vive en México, 50 pesos equivalen a poco menos de tres dólares estadounidenses. Y sí ¡por tres dólares se armó todo este show! Entiendo que la gente en Puebla puede ser muy mamona y clasista, muy por encima de la media nacional, así que por ello el señor tuvo que extremar precauciones en cuanto a la forma de dirigirse a mí pero, para su fortuna, no soy poblano.

En la Maestría tuve un profesor que nos dijo que en México hay tres clases sociales: los que hablan en pesos, los que hablamos en miles y los que hablan en millones. Hay quienes dicen "Préstame $50 pesos", otros piensan "Le debo 15 mil a la tarjeta" o los que indican "Haz un traspaso de 6 millones a la cuenta".

Ya era consciente de dicha diferencia desde hace tiempo, de hecho ya había tratado ampliamente el tema en diversos escritos en los que me explayé al respecto. Sin embargo, me seguía incomodando la situación, así que tuve que plasmarlo en este texto para que mi inconsciente me dejara en paz.

Algo de lo que contribuyó al presente es que leí sobre la distribución del PIB en México: El 50% de la población tiene el 12% de la riqueza (los que hablan en pesos), El 40% de los mexicanos tenemos el 38% de los recursos (los que hablamos en miles) y el restante 10% posee el 50% del dinero (los que hablan en millones).

Obviamente esta situación no es la idónea pero, lo más preocupante, es que en lugar de irse nivelando, se ha ido recrudeciendo en los últimos tiempos, ya que los ricos se siguen haciendo más ricos y los pobres más pobres, adelgazando a la clase media que, dentro de la misma, también hay una desigualdad parecida entre sus facciones baja, media y alta.

El instituto responsable del estudio urgía al Gobierno Mexicano a implementar medidas para reducir la desigualdad, y ahí solté una carcajada.

"¿Cambiar la situación actual? ¿El Gobierno? ¿Quitarles a los ricos para darles a los pobres? ¡Ja ja ja! Muy buen chiste"

Gran parte de los que hablan en millones forman parte de la clase gobernante, mismos políticos que se sirven a sus anchas del presupuesto, y que además se ven beneficiados de los "favores" que les hacen a los empresarios (los otros grandes representantes de la clase alta). Traducción: ellos no se van a quitar dádivas para privilegiar a los pobres.

Por otro lado, de las "migajas" que sueltan, gran parte nos toca a la clase media, así que tenemos una falsa sensación de bienestar porque nos comparamos con la enorme clase baja y nos sentimos afortunados. Traducción, tienen comprados nuestro silencio y lealtad, porque somos sus empleados "de confianza".

Así que la clase alta tiene un buen control sobre alguna potencial revolución de la clase baja al tener de cómplices a la clase política, la clase media y, de paso, a las fuerzas armadas.

Pero, aún sin ese control, la clase baja no va a hacer nada por sublevarse, ¿por qué? Por un condicionamiento que viene desde la Conquista, el candado más eficiente que se puede tener: las creencias, la cultura y la educación.

"Patroncito" es la forma en que el señor al que le di los $50 pesos se dirige a nosotros los empleados. ¡Cómo me purga que me diga así! No sólo es lo que dice sino el tono de sumisión con el cual lo dice.

Sé que los españoles actuales no tienen responsabilidad de lo que hicieron sus ancestros de hace cinco siglos, sin embargo eso no disminuye mi enojo por la anulación de la dignidad indígena y por el daño que se ha perpetuado en el inconsciente mexicano a lo largo de su historia.

Tal vez por eso me cagan esos mexicanos que se creen "españoles" porque su tatarabuelo fue un paría en Cataluña y llegó a México para ser cacique. O me enoja cómo el fundador de Bimbo llegó de España sin tener en donde caerse muerto y, aprovechándose de la actitud sumisa del mexicano, fundó su imperio actual.

A veces fantaseo que los ingleses hubieran llegado aquí primero y, en lugar de humillar a los indígenas mediante la esclavitud, nos hubieran masacrado y terminar con dignidad nuestra existencia, nuestra cultura sería diferente o, por lo menos, nuestra manera de pensar (aunque nuestra comida estaría culera ¬_¬).

Pero más que odiar a los españoles (por venir) o a los ingleses (por no venir) odio más a los propios mexicanos ¿por qué? Por perpetuar esa deslealtad entre nosotros. Sin importar lo que diga la historia oficial.

Por ejemplo, Hidalgo y todos sus canchanchanes no querían la independencia de México, sólo querían quitarle el negocio a los españoles y ellos (los criollos) ser los nuevos gobernantes, sin cambiar nada. Obviamente su carne de cañón eran los indígenas, a los que les prometieron libertad e igualdad. 500 años después los indígenas siguen en espera que se les cumpla dicha promesa.

Ya no habrá esclavitud tal cual, pero el mexicano sigue perpetuando un sistema clasista que tiene a los niveles bajos en un estado similar a la esclavitud, en donde tienen que sobajarse por tres mugrosos dólares.

¿A qué orillamos a la clase baja? A rogar, a sobajarse, a subemplearse, a mendigar, a robar y otras acciones cuestionables. No los justifico pero, cuando tienes hambre, supongo que los valores o el sentido de justicia pasan a segundo (o tercer) término. Y muchos otros optan por irse a Estados Unidos. Y ahí es dónde compruebo que algo de lo que dice Trump es cierto: "México nos manda lo peor que tiene".

OJO, no estoy apoyando a Trump, no quiero que gane y me parece un pendejazo, pero en esa frase tiene razón. En Estados Unidos tienen una imagen muy clara del mexicano: aquel poco letrado, algo violento, con poca refinación, con poca cultura ¿Y qué esperaban? En su tierra lo humillaron, lo sobajaron y lo ningunearon, obligándolo a defenderse, aprendiendo a morder, rasgar y patear. Si es la forma en la que has aprendido a sobrevivir, no esperes que de la noche a la mañana se civilice.

Ahora, esos mismos paisanos que ahora se creen gringos, al grado que ni español quieren hablar (aunque tengan el nopal tatuado en la cara), no pueden dejar de lado sus tendencias egoístas, mismas que recalcan que son mexicanos aunque nazcan o radiquen en Estados Unidos.

He leído notas de muchos de esos mexicanos que van a votar por Trump, y apoyan su postura del Muro a lo largo de la frontera. ¿Qué hay detrás de dicho apoyo? El siguiente pensamiento "Mi familia y yo ya chingamos, así que pueden construir su muro y que no entren más ¡Qué se jodan!".

Pero no nos extrañe esa deslealtad, ya que acá dentro también la tenemos muy presente "A mí me vale madre que se estén muriendo de hambre", "Me vale pepino si ellos no tienen en qué caerse muertos, yo tengo mi Chalet en Aspen" o "Están pobres porque quieren, yo me la paso chingón comiendo en lugares bonitos".

A otro nivel también se ve esa deslealtad, con muchos empresarios que explotan a sus empleados con salarios ridículos. Y ahí aprende también el empleado "Si la empresa hace como que me paga, yo voy a hacer como que trabajo".

Al tener la oportunidad de viajar, he visto la diferencia entre calidad y nivel de vida, porque en países avanzados la brecha no es tan grande y los problemas sociales son infinitamente menores, porque hay lealtad entre las distintas clases sociales que la componen.

El problema con nuestro nivel de vida es que también debemos lidiar con inseguridad, falta de infraestructura, servicios deficientes y subsidiar todos los huecos de un sistema falto de recursos (porque todos lo desfalcan).

Como no nos comportamos con la decencia o humanidad de país de primer mundo, no tenemos uno así. Aunque, siendo honestos, el porcentaje de repartición de riqueza en México es un reflejo de la distribución mundial, y muestra de ello está el tema de moda (los Panamá Papers), en donde los ricos quieren ser aún más ricos al pagar menos impuestos.

Para cerrar, las pequeñas dádivas que damos (como donarle $50 presos al señor de la intendencia) a los menos afortunados nos hace sentir "menos" malos, y sentimos que contribuimos a resanar en algo tanta desigualdad sobre la cual está basado nuestro nivel de vida en México.

Si los círculos del poder quieren mantener sometidos a "los de abajo", deberían exprimirlos al mismo nivel, y así nada cambiará. Pero si siguen incrementando el abuso, como ha sido el caso en los últimos años, hasta que el pobre no tenga nada que comer, entonces éste reaccionará por el hambre e irá a comerse al rico.

Este escrito no quiere (ni puede) cambiar nada, simplemente es un acto simbólico del autor para reflejar un momento en la existencia antes de que venga una gran catástrofe social, producto de tanta deslealtad entre humanos (y la tendremos bien merecida)

Ocho de Abril del 2016

Los Tres Dólares (Parte 2)

¿Qué fue primero? ¿El huevo o la gallina? ¿El explotador que se aprovecha del pobre o el pobre que le arrebata algo al rico? En el primer escrito con este título analicé el trato tan injusto que recibe la gente de clase baja y que es explotada por la clase dominante.

Sin embargo, las víctimas no están exentas de crítica. Habrá quien diga que es un reflejo de defenderse otros argumentaran que por eso los tratan como los tratan.

Los $50 pesos

Dándole seguimiento a la historia que generó el primer escrito, volvamos con el señor de intendencia que me pidió aquellos $50 pesos, mismos que nunca me devolvió. Personalmente nunca tuve la intención de pedírselos de vuelta, de hecho se los iba a regalar.

Lo que me molestó que ni siquiera hiciera el intento de pagarlos o, por lo menos, dar una explicación de por qué no me los había devuelto. Me pareció una falta de respeto que no hiciera siquiera el amago de darme una excusa, porque una cosa es que estés jodido y otra muy distinta es que seas gandaya. Aunque para mí fue mejor así, porque él mismo se cerró una puerta y, si me hubiera vuelto a pedir, ya no le hubiese prestado.

Pasados los días, y de manera casual, me llegué a enterar que dicho individuo no sólo me pidió a mí, sino a una decena de personas y que, al igual que a mí, nunca pagó sus pequeñas deudas, lo cual creó un mal precedente.

Obviamente para ninguno de nosotros era una cantidad significativa pero para él era mucho dinero. Aun así no se justifica su accionar porque, recalco, una cosa es que tengas necesidad y otra que caigas en acciones incorrectas.

Pasó el tiempo y ya no volví a verlo, desconozco si lo despidieron, renunció o lo cambiaron de área. Si fue la primera, habrá sido triste pero merecido, porque seguramente alguien le acusó y, por una tontería, perdió su trabajo.

¿Para qué pedir prestado si no tienes la intención de pagar? Mejor hablarle al chile a la gente y pide el dinero como una donación voluntaria así, quien acceda a dártelo, de antemano sabe a qué atenerse, pero a nadie le gusta sentirse engañado, sin importar el monto involucrado.

Las "Damiselas" en desgracia

Iba corriendo un domingo por la tarde hacia mi casa, cuando me abordaron unas señoras (más o menos de mi edad) con un acento bastante marcado que me dejó claro que su idioma primario era alguna lengua indígena.

Las señoras me explicaron que habían perdido su bolso y que no tenían para pagar el regreso a su pueblo. De haber llevado dinero, con gusto se los hubiera dado, pero tengo la costumbre de sólo correr con mis llaves, e identificación, y no cargar nada más, así que no las pude ayudar y me pesó el no hacerlo.

Pasaron un par de meses, nuevamente estaba corriendo, pero ahora era un día entre semana, más o menos a la misma hora, y en la misma ruta, que la ocasión anterior. Casualmente me volví a encontrar a dichas señoras, aunque se ve que ellas no me reconocieron a mí, lo cual es raro, porque estoy acostumbrado a ser inolvidable ;-)

¿Y cómo sé que no me reconocieron? Porque me echaron exactamente el mismo rollo, con las mismas entonaciones y descripción de los hechos, sin ninguna variación en el relato o en las expresiones. Es triste, pero ahí me di cuenta que las señoras ya tenían armado su número para ver qué obtenían de cualquier persona que tenga la buena voluntad de ayudarles.

Me enojó y entristeció que haya personas que exploten su situación y, dando lástima, se aprovechen de los que están dispuestos a ayudarles. Y justamente por esos hechos es que uno ya se lo piensa antes de ayudar a la gente, porque ya no sabes qué es verdad y qué es mentira.

La Coca Cola

Salía en el coche a llevar mi Lap Top a reparar, cuando pasé por la caseta de vigilancia, el chico me preguntó "¿Vas a tardar mucho?" a lo que respondí negativamente. "¿Te puedo encargar una Coca de 1lt?" y me extendió un billete de $500, el cual rechacé amablemente y le dije que regresando me pagara.

Pasé al Súper, le compré su coca y se la di al regresar, nuevamente sacó el mismo billete pero, como no tenía cambio le dije que luego me pagara. Al igual que con el señor de intendencia del primer caso, no tenía la intención de cobrarle los $15 pesos que costó el refresco pero, de igual forma, tampoco tuvo el muchacho la intención de saldar la deuda realmente.

No entiendo cómo la gente puede ser tan caradura para solicitar tu ayuda y no responder a sus deudas, esto sin importar que sean muchas o sean pocas. Desde pequeño se me enseñó que cuando adquieres un compromiso tienes la obligación de saldar cuentas, ya si la otra persona te lo perdona, es harina de otro costal. Lo malo es que en este país mi educación es la excepción y no la regla.

Breves comentarios y/o conclusiones.

¿Por qué la gente no te pide dinero tal cual? Supongo que por un malentendido orgullo, para que no pienses mal de ellos ¿A qué me refiero? Que prefieren pedirte prestado y no pagarte a pedirte una limosna y verse humillados. Lo que encuentro ilógico es que cuiden su imagen al no pedirte dinero, pero sí tengan la desfachatez de no pagarte tal cual.

Digo, en el caso de las señoras no tenía dinero, sino seguramente se los hubiera dado, pero en el caso del vigilante y el señor de intendencia, ya nos teníamos cierta confianza y yo era consciente de su situación, así que hubiera preferido que me pidieran el dinero sin más en lugar de mentirme.

Los montos de dinero no importan, porque de por sí los hubiera regalado de corazón. Lo que me molesta es la actitud tan desleal de alguien a quien

acabas de apoyar y que no tiene la decencia de
hablarte claro. La gente no ayuda a su causa con estas
acciones.

¡Ah! Y respecto a la pregunta con la que abrí
este ensayo, la respuesta es el huevo. De igual forma,
el que gente humilde acabe cayendo en actitudes
desleales es en gran parte por tantas generaciones que
la gente privilegiada los ha explotado y, aun así, no
los justifico.

Trece de Agosto del 2016

El Éxito capitalista

"En este mundo de capitalismo voraz, el estar feliz con lo que tienes es tachado de mediocre y no desear más es de tontos. Así que, supongo yo, ser exitoso es que te entierren con todo ese dinero que amasaste a cambio de tu vida" – Hebert Gutiérrez Morales.

23 de Julio del 2017

Consecuencias del Consumismo

Gracias a que he conocido otras culturas es que he aprendido a ver con otros ojos el ambiente en el cual me desenvuelvo. Antes de salir al extranjero afirmaba tajantemente que la influencia de Estados Unidos sobre México era mínima, y que aún manteníamos una identidad fuerte e independiente respecto al gabacho. Al escribir eso me doy cuenta del pendejazo que era, y no es que ahora lo haya dejado de ser, sólo que ahora soy un pendejo más viajado y un poquito menos ignorante.

La cultura gringa no sólo tiene una gran influencia en México, de hecho nos ha violado vilmente, sin ninguna consideración previa o trato decente (como normalmente son las violaciones).

Obviamente los Estados Unidos tienen una influencia muy fuerte a nivel mundial pero, al ver países como Japón o Alemania, me doy cuenta que la influencia en México es obscena y brutal.

Los aspectos son muchos y variados, pero en este escrito sólo me voy a concentrar en lo que ese capitalismo extremo, a través del consumismo, nos ha afectado en nuestro día a día.

La miseria de nunca tener suficiente.

Conozco casos muy cercanos, incluso con individuos que comparten mis genes que, sin importar cuánto tengan, nunca es suficiente, siempre quieren más. De hecho por esa actitud, platicas con ellos y pareciera que viven en la pobreza extrema, porque siempre te expresan todo lo que les hace falta, pero nunca agradecen por todo lo que sí tienen.

Una de esas personas es una señora ya retirada, cuyos hijos la mantienen. Me consta que le dan recursos más que suficientes no sólo para vivir dignamente, sino para darse incluso sus pequeños lujos como compras o viajes dentro del país.

Pero la escuchas hablar y pareciera que se la está cargando la chingada. En alguna ocasión uno de sus retoños cayó en el juego de la manipulación, y le empezó a dar más recursos, incluso a ponerle un negocio para que tuviera una fuente constante de ingresos. Pero eso no resolvió la situación, porque la señora se "comió" el negocio y su intensa necesidad absorbió el dinero adicional que le dio su hijo.

A partir de ahí el hijo aprendió a vivir con la "miseria" de su madre, misma que se sigue quejando pero, siendo honestos, dista mucho de morirse de hambre. Es triste tener esa visión de la vida: el nunca tener suficiente que te impide ser feliz con lo que tienes.

Por fortuna, los hijos han tenido el suficiente sentido común para no sacarle una tarjeta de crédito ya que, literalmente, lo pagarían muy caro. Lo cual me lleva al siguiente punto.

La trampa de las tarjetas de crédito.

En mi segundo viaje a Alemania me di cuenta que pocos negocios aceptaban tarjeta de crédito, ya que casi nadie las utiliza. Y es que los teutones tienen una visión sana y mesurada de sólo comprar lo que en verdad pueden pagar en ese momento. Esto es un reflejo de un pueblo maduro y sensato algo que, tristemente, dudo que México llegue a ser algún día. Veamos cómo es la realidad por acá.

Alguna vez le pregunté a un ejecutivo de mi banco: "Si nunca les he regalado un peso de intereses, y la anualidad que me cobran la recupero 2 o 3 veces con los puntos que me dan. En realidad ustedes me están pagando por usar su producto ¿Ustedes qué ganan?"

La primera reacción del ejecutivo fue una sonrisa que mezclaba burla y ternura, sobre todo de darle una lección a alguien que desconoce cómo funciona el mundo: "Señor Gutiérrez, ¿sabe cuántos clientes hay como usted que saldan toda su cuenta antes del corte? Si le digo que el 1% estaría exagerando. Nuestro negocio es que la gente gaste más de lo que puede pagar, y nuestra ganancia son los intereses que nos regalan por comprar algo que no hubieran podido adquirir si sólo se hubieran basado en su efectivo".

Me pareció una respuesta honesta y, de alguna manera, justa. Se te da el "arma" (tarjeta de crédito) ya depende de ti el saberla usar o suicidarte con ella. El banco se aprovecha de la poca madurez que tiene el consumidor mexicano mismo que, al igual que un niño, cuando quiere algo, exige que se lo cumplan, sin importar si en verdad lo merece o no.

Por dicho motivo es que, aunque conozco personas con mis características socioeconómicas, casi ninguno de ellos viaja como yo: porque están endeudados pagando intereses de sus tarjetas de crédito. Así que, aunque tienen el teórico deseo de viajar, su voluntad no es mayor que su necesidad de endrogarse.

La gran mayoría de la sociedad tiene clavado en el inconsciente, que la tarjeta, es una especie de derecho el estrenar, un ejemplo de ello es mi exbrujer que, cada vez que teníamos una fiesta, ella y su hija tenían que comprar ropa nueva "porque así se lo había enseñado su mama" (¿Qué pedo?). Para muchas personas, el ver algo "viejo" les molesta, por lo cual lo tiran o regalan, lo cual sirve de pretexto para adquirir algo nuevo. Esto está tan arraigado en el inconsciente colectivo como una malentendida dignidad.

Esta actitud es una herencia gabacha. Aunque como mexicanos los estamos imitando, aún estamos verdes a comparación de los profesionales en esto de comprar a lo bruto.

Los amos del Consumo

Tengo dos tiendas favoritas en Estados Unidos: la primera es Hot Topic por todos los productos freak que encuentro, la segunda es Ross, misma que tiene precios muy baratos. Enfoquémonos en la segunda.

Todas las mercancías que no se venden en los centros comerciales grandes (Mall) son enviadas al Outlet (Tiendas de rebajas), y todo lo que no se vende en el Outlet, se va a tiendas como Marshall's o Ross (Saldos y remates).

En Ross encuentras (principalmente) ropa nueva a precios excesivamente bajos. ¿Por qué es tan barata? Porque al ser de una, dos o tres temporadas atrás, la gente ya no las quiere. De hecho, para los gringos, sólo los nacos y/o pobres compran en Ross. Esta perspectiva a los extranjeros nos vale madres, porque amamos comprar en este tipo de tiendas.

La economía gringa se basa principalmente en el consumo, por lo cual le dan "vuelta" al dinero muchas veces, lo cual genera riqueza. Por eso hay muchas mercancías baratas en dicho país: por el volumen de ventas que registra.

A la gente se le inculca la necesidad de comprar, de estar a la moda, de no quedarse rezagado contra el resto. Tomemos dos ejemplos, primero los Autos. En Estados Unidos se venden alrededor de 17 millones de autos nuevos cada año. Si tomamos los 323 millones de habitantes que tienen y lo dividimos en hogares de cuatro, tenemos casi 81 millones de familias, lo cual nos indica que una casa estrena coche cada cuatro años y nueve meses.

Obviamente éste es un análisis algo burdo, porque también se venden coches en flotillas, compañías, negocios y demás temas comerciales. Sin embargo, también se está considerando a todos los pobres, niños, enfermos y demás gente que tampoco pueden adquirir un auto, además que sólo estoy tomando un auto por familia, cuando normalmente son dos.

La realidad dicta que son pocos en Estados Unidos los que tienen el mismo auto en un período de cinco años, y un lustro ya es exagerado, de hecho tres años es lo normal en la clase media gabacha para cambiar de unidad.

Veamos un ejemplo más "democrático": los Teléfonos inteligentes. Se calcula que para el 2017 se vendan 203 millones de Smartphones nuevos en Estados Unidos, lo que representa un 13% de la venta mundial. Lo cual nos dice que el gringo cambia de modelo cada 19 meses. Igual y no suena tan descabellado, pero si consideramos toda la gente que no tiene alguno, más toda la gente que no lo cambia tan seguido, más todos los niños que aún no están en edad de tenerlo (que cada vez lo tienen más jóvenes), entonces se darán cuenta que cambian bastante seguido.

La realidad dicta que el usuario promedio cambia de celular cada año, no sólo en Estados Unidos, sino en todo el mundo, y es que así está diseñado el producto. Yo puedo dar fe de ello ya que, desde que "tuve" que comprar un Smartphone (por Nadia), ya estoy en el tercero en un período de cuatro años, y no por superficial, sino por daños y/o reparaciones.

De no haber tenido Smartphone, estoy seguro que seguiría con mi viejo Nokia y ya hubiera cumplido 10 años con él, sin cuentas de Twitter, WhatsApp ni nada de eso. Ahí radica una parte importante de este consumismo: la necesidad de estar la moda, de tener lo más nuevo, lo más avanzado.

En Estados Unidos comprar es casi un deporte nacional, porque normalmente las cosas son muy baratas para potenciar tu consumo. De hecho, a veces veo gangas tan increíbles que las compro doble (sin darme cuenta), esto a pesar de que la mayoría no las necesito pero, como ya las tengo, las uso.

Así que, como tienes un exceso de mercancías baratas a tu disposición, te es más fácil caer en actitudes despilfarradoras. Por ejemplo, cuando a alguna camisa mía se le caía un botón o a algún pantalón se les descosía algo, optaba por regalarlos de inmediato, ya que tenía muchos otros que había comprado en Estados Unidos a bajo precio.

Un día mi amigo Luis me dijo "¿Y por qué no llevas a que le cosan el botón en lugar de regalarlos? Sobre todo porque están en perfectas condiciones". Me quedé frío ya que tenía razón, de hecho así me habían educado pero, de manera desapercibida, como sociedad hemos heredado la siguiente creencia del gabacho.

La estúpida creencia "Reparar es para jodidos"

Hace tres años se me descompusieron (por diferencia de meses) el Refrigerador y la lavadora, así que llamé a los respectivos técnicos. En el caso del Refri, le decía al señor que estaba molesto, ya que el aparato en casa de mi madre había durado 35 años sin necesidad de reparación alguna, el mío apenas llevaba 12 y ya necesitaba arreglo.

"Uy joven" me dijo el técnico "Ya no los hacen así, y es adrede, para que usted compre otro a la primera oportunidad, por eso las refacciones son tan caras, para que adquiera uno nuevo en lugar de repararlo" Me acabó de explicar que ahora la vida útil de los aparatos actuales era de unos siete años, así que el mío era una rareza al haber durado la docena antes de la primera falla. Para mi fortuna, ambas reparaciones fueron menores y resultaron costeables, así que ya llevo 15 años con mis aparatos :-)

Así que las empresas no sólo nos programan a que compremos más, sino que ellos mismos calculan la calidad y/o vigencia de sus productos para obligarnos a hacerlo. Algo que da resultado aunque te resistas.

Ése fue un ejemplo casero, pero tengo uno más público. En una ocasión se me descompuso el despertador, así que se lo llevé a un amigo en la oficina para que me lo arreglara. La reacción del resto de metiches fue "Hebert, eres un pinche tacaño, cómprate otro", y eso dice mucho de la sociedad actual, que puntuaré de la siguiente manera:

A) Hace años, componer las cosas era algo normal, de sentido común incluso, ahora la tendencia es que si está roto, viejo o ya no te gusta, cómprate otro modelo más reciente, vistoso y, desde tu perspectiva, útil (aunque haga exactamente la misma chingadera que lo que estás sustituyendo).
B) Arreglar las cosas es sinónimo de jodidez, lo deseable es comprar algo nuevo porque vas a obtener doble satisfacción: deshacerte de lo viejo y sentirte pleno, feliz y poderoso por adquirir algo nuevo (así sea una madre bien barata).
C) Justamente esa postura de comprar, sin intentar arreglar, es la que nos ha inyectado el consumismo, y es que entre más adquieres, más se produce y más

riqueza (para los empresarios) se genera.
Por eso todo el tiempo nos están
bombardeando para que gastemos como
desesperados.

Una postura que he tomado es verificar si se
puede componer lo que se descompuso, sobre todo si
vale la pena en cuestión de costos y funcionalidad y,
de no ser así, entonces sí adquirir algo nuevo. Esa
actitud me ha significado ahorros y aprovechar al
máximo mis compras. A pesar de ello, es muy fácil
caer en la supuesta satisfacción que te da el comprar.

Comprar la "felicidad"

En los días de pago en la oficina es común
escuchar a alguien decir "He vuelto a ser humano, he
vuelto a existir". Aunque suene a broma, no deja de
ser una verdad implícita en este mundo capitalista en
donde, dependiendo la cantidad de recursos que
tengas, aumenta tu importancia para la sociedad
misma.

Centrando en mí la crítica, me llena comprar
películas y libros que, probablemente, tarde mucho
tiempo en ver o leer, pero el hecho de tenerlos me
satisface, me alegra y me da un sentimiento de
plenitud bastante profundo, y me siento humano.

Un día quería ver una película y me dije
"¿Este Anime o esta gringa?", cuando escogí la
gabacha noté que había comprado la animación sólo
para tenerla, no me era prioritario volverla a ver tras
20 años y, lo más seguro, es que jamás la vea de
nuevo.

Eso mismo me pasa con muchos otros filmes que simplemente adquiero sin la intención verdadera de verlos nuevamente, porque comprarlos y/o poseerlos, es lo que me hace feliz, no volver a ver la historia. Con el recuerdo debería tener suficiente, pero no es así, por lo que debo gastar en ello para sentirme feliz o, mejor dicho, menos angustiado porque existe y no la tengo.

Es como si el tener la película física validase los recuerdos o sensaciones que tuve al verla en su momento, y ahí te das cuenta que comprar en sí es una satisfacción per se, a veces más grande que el mismo producto que adquieres, porque el hecho de poseer puede llegar a ser más profundo que el disfrutar lo adquirido. Literalmente es una sensación de poder.

Esta cuestión de comprar por satisfacción se complementa con otro engaño que nos han implantado en el inconsciente de manera profunda: "Entre más compras, más ahorras", una de las trampas mejor diseñadas del sistema y que se refleja perfectamente en una tienda que, en teoría, te da cierto status ser su "socio".

La dulce trampa del Costco.

Gran parte del mundo moderno está diseñado alrededor de lo que adquirimos y el dinero que, supuestamente, nos ahorramos con dichas compras. Como pagamos barato, tenemos la posibilidad de consumir más, una vez que entras en dicha dinámica es difícil detenerse, porque quieres ver en dónde más puedes "ahorrar".

De hecho han pervertido tanto nuestra percepción de la realidad, que estamos convencidos que podemos ahorrar a través de las compras, del endeudamiento y eso es más atractivo que tener tu inversión segura en otro lado, ya que no es vistoso, ni bonito, ni da esa felicidad inmediata de abrir un empaque y disfrutar el olor a nuevo. En cambio, rodeado de cosas llamativas, el "ahorrar" se siente más satisfactorio.

En Costco hay tantas ofertas tan atractivas que decía "¡Está barato!" y lo llevaba sin dudar para que, al llegar a casa, me diera cuenta que ya tenía dos o tres unidades del mismo producto.

Es una tontería esa satisfacción de "comprar y ahorrar un chorro", casi una creencia de volverte millonario por el dinero futuro que te estás ahorrando. Lo que no ves es que tienes los recursos almacenados en mercancía que, ciertamente, algún da utilizarás pero, por lo mientras, no está creciendo en alguna inversión.

Por otro lado, como te "sobra" dinero, optas por comprar más cosas bonitas que, generalmente, no necesitas. Pero se te crea la necesidad, ya que dichos productos hacen tu existencia más fácil o bonita. Obviamente casi nadie se da cuenta que han podido vivir sin ese maravilloso producto que ahora resulta que es indispensable.

Mi chip empezó a cambiar cuando vi la actitud mesurada nipona, y me decía "Pero eso de comprar de a poquito a la larga sale más caro", pero tras mucho razonar, me di cuenta que eso es lo que el sistema nos hace creer. No entra en nuestras cabezas esa postura de no comprar más que lo indispensable.

Uno supondría que el sentido común sería suficiente tope, ya que no deberías gastar más de lo que ganas, pero con las tarjetas de crédito que, casi casi, te regalan, son pocas las personas con la suficiente disciplina e inteligencia para no vender su alma al banco a través de dicho plástico.

Es increíble lo fácil que la gente se entrega a esta situación, sin cuestionar. No sé si alguna vez vaya a dejar por completo esa dinámica consumista pero, por lo menos no estoy tan mal. Y es que invierto en viajes, ahorro de verdad (no en compras), llevo una existencia con lujos mínimos, busco siempre la mejor relación calidad precio y nunca gasto más de lo que tengo en mano.

Pero aún no era suficiente y, como quiero alejarme de esa vorágine consumista enferma, decidí traspasar la membresía en Costco, lo cual es considerado un pecado en mi círculo social, ya que comprar en dicha tienda es una especie de meta aspiracional a la cual no todos tienen acceso. Incluso hay gente que paga la membresía, para ser parte de ese "selecto" club, aunque sus compras no justifiquen el costo de dicha afiliación.

Yo sí compraba, y lo hacía con ganas. Caí en la trampa de la membresía ejecutiva que te da un porcentaje de tus compras en "dinero" de regreso, así entre más adquieres, menos pagas de renovación. Así que le di la tarjeta adicional a una mujer gastalona (perdón por la redundancia) y prácticamente no pagaba la cuota anual, por el monto combinado entre ambos.

Con los años mis necesidades fueron disminuyendo, mientras que las de ella y su familia se seguían multiplicando. Ahí decidí dejarle la membresía a ella y su mamá que, con el nivel de gasto que manejan, no dudo que dejen de pagar membresía el resto de su vida, e incluso saquen "ganancia"

Me tomó unos meses tomar la decisión, ya que veía una cantidad de artículos que me gustaba comprar, y me pregunté "¿Puedo encontrar fuera productos similares?" Sí, aunque no en la misma presentación ni el mismo precio. Y, de todas, formas, decidí salirme.

¿Por qué?

Porque, al final, aunque los precios en otros lugares sean más caros, a la larga voy a gastar menos. Ya que iba a dejar de adquirir muchas cosas que en realidad no necesito. Pero justamente ése es parte del "encanto" de Costco: comprar cosas bonitas, que tal vez no necesites pero resultan tan llamativas y prácticas que sería un pecado no comprarlas pero, como dice Carlos Ruiz Zafón "Nadie sabe que tiene sed hasta que prueba el agua" y, seguramente, podrías continuar con tu vida sin esos productos, el caso es no conocerlos.

Dejé Costco para gastar menos y no depender de una tienda que, a un nivel, te tiene bien amarrado por toda esa "conveniencia" que te ofrece. A ellos no les importa darte "dinero" de vuelta (y lo entrecomillo, porque sólo te lo dan si sigues con ellos), es más para ellos la membresía es un simple pretexto, una ilusión que te da status, para que los que ahí compran se sientan más importantes que el resto de humanidad.

Para ellos es importante que gastes y que lo hagas cada vez más, que te sientas diferente y exclusivo a través de tus compras. Por ejemplo, cuando compro en la Gran Bodega (supermercado local de bajo perfil) no me siento importante ni exclusivo por ir ahí, ¿por qué? Porque cualquiera puede hacerlo, así que puedo enfocarme en las mercancías que realmente necesito y no en sentirme más importante que nadie.

Pero ése sólo soy yo ya que, a la mayoría de la gente, no sólo le importa "ahorrar" en sus compras, sino que el lugar al que van los haga sentirse importantes y exclusivos. Esa dinámica trae consigo otra trampa.

Más barato + Más Producto = Más desperdicio

No sólo es comprar más, el hecho de tener más productos a menores precios te van tornando en un despilfarrador. Por ejemplo, al tener un Shampoo jumbo, no eres tan mesurado como con la presentación normal, o al comprar una caja grande de detergente, también te vuelves más generoso con su uso.

Recuerdo que una vez la mamá de Nadia me mostró cómo usaba el detergente líquido, y lo hacía de una manera inteligente y mesurada. Yo utilizo el mismo detergente para trastos, pero como lo compraba en presentaciones grandes, la cantidad que utilizaba era considerablemente mayor.

Con el shampoo me pasaba igual, como tenía varios y de distintas presentaciones, pues me echaba más del necesario "para hacer más espuma" me decía a manera de chiste. O con el mouse para el pelo, como había comprado tantos y tan baratos, pues me echaba más de lo normal.

Esa actitud nace de manera inconsciente, porque al tener exceso de algo no tiendes a medirte y te vuelves descuidado, además tienes tanto que no te duele despilfarrar y, aunque desperdicies, está tan "barato" que puedes comprar más con todo el dinero que te "ahorraste". Y es que adquirir a precios bajos te vuelve adicto a esa sensación de "ganarle" a los demás porque tus compras son más ventajosas que el resto.

Breve conclusión.

Sé que el que esté cambiando mi actitud hacia el consumo no va a cambiar al mundo, porque seguiré viendo las largas filas en los bancos los días de cobro, así como seguiré presenciando a los Ricos de Tres días cuando van a gozar de su efímera riqueza. Esa misma gente que vive constantemente endeudada y que sufre para salir del mes, ya no digamos que tenga dinero suficiente para afrontar un retiro.

Ahora, siendo honestos, ¿Voy a dejar de consumir? Eso lo veo difícil. Sé que cuando vaya a Ross, a Hot Topic o alguna tienda con cosas bonitas en el extranjero compraré mucho. Por fortuna no vivo en el extranjero y mi rutina comercial en México la tengo bien controlada.

Cancelar a membresía en Costco es un primer paso para volverme más mesurado con el dinero, lo cual no quiere decir que me vuelva un tacaño sin remedio pero tampoco quiero ser un tipo inconsciente de sus recursos y los del planeta.

Sé que al Costco le vale madres que ya no gaste en él, porque cada vez hay más gente ansiosa de comprar ahí. Pero el cambio es importante para mi propia existencia al alejarme un poco de esa dinámica de "Entre más compras, más ahorras".

Este movimiento me da algo de paz interna, me siento feliz al alinearme con lo que he visto en países como Japón o Alemania en donde, a pesar de ser capitalistas, su relación con el dinero y el consumo es más sana. El hecho de que existan culturas enteras que comulguen con esta visión financiera mesurada me hace sentir extrañamente satisfecho con este movimiento.

15 de Octubre del 2017

La Trampa de los Tiempos Compartidos (Primera Parte)

En Agosto del 2011 fue mi primer viaje a Alemania en el cual crecí horrores. Desde entonces empecé a viajar de manera regular, tanto dentro como fuera de mi país, y con cada aventura abro más los ojos a tal grado que, me parece, en siete años he aprendido más del mundo y de la vida que en los 35 anteriores.

Por fortuna la gran mayoría de lo que he asimilado ha sido de manera positiva, con gente maravillosa y lugares increíbles, sin embargo, por ahí se dice que aprendes más de las malas experiencias. En Noviembre del 2012 hice mi primer viaje a Orlando, mismo que disfruté bastante, pero que trajo un pequeño "regalo" que me explotó en la cara cuatro años después.

Todo lo aquí expresado lo he vivido en carne propia con la compañía Vacation Village, ya sea cuando me lo vendieron a mí, cuando asesoré a unos amigos en Las Vegas para que no los embaucaran (y los acompañé en el proceso) y la segunda vez que fui a Orlando, en la que ni siquiera permití que invitaran a mis amigas a la plática. Así que se puede decir que tengo experiencia en toda esta monserga.

Parte I: El proceso de Inducción (a.k.a cuando te la empiezan a meter)

Cuando llegué a Kissimmee en aquel Noviembre del 2012, en la recepción me ofrecieron un desayuno Buffet gratis y $100 USD con tal de escuchar una "breve" e "inofensiva" platica sobre una excelente "oportunidad de inversión" (fíjense todo lo entrecomillado) que iba a cambiar mi forma de ver las vacaciones, esto último fue lo único cierto de todo este choro.

¿Comida y dinero "gratis"? Por escuchar una plática en la que me dijeron que no estaba obligado a comprar nada, ¿suena bien no? Viéndolo en retrospectiva, ahí comprobé que en esta vida nadie te da algo a cambio de nada. Y cuando aparece una "oportunidad" tan maravillosa es que hay gato encerrado.

Analicemos la situación y la psicología del asunto.

Situación

De entrada estás de vacaciones, en un clima festivo y relajado, en un lugar mágico que muchos mueren por visitar (Orlando, Las Vegas, Cancún, etc.) Estás tan feliz y contento que tu disposición decir "Sí" está muy presente ya que, al estar de descanso, te permites bajar la guardia que manejas en tu rutina normal: en el salvaje mundo laboral.

Normalmente te llevan a un desayuno Buffet rico, vasto y elegante, te empiezan a hacer la plática de tu estilo de vida, la persona que te acompaña intentar ser tu amigo, normalmente son muy carismáticos y agradables, por lo que es fácil que te caigan bien. Además, al final de la plática, viene un muy buen regalo de $100USD para usarlo en las atracciones locales (shows, parques, excursiones, lo que sea) o que te los gastes en lo que quieras, porque te los dan en una especie de monedero electrónico que puedes usar donde sea.

Hasta ese momento estás muy agradecido, la compañía que te invita ha sido generosa contigo y tan sólo ha pasado una hora de tus vacaciones, todavía tienes el resto del día para aprovechar tu tiempo, ya sólo te invitan a ver el departamento muestra y después serás libre de irte (¡Ajá!).

Mientras ves las instalaciones te comentan todas las maravillosas ventajas: un hospedaje de alta calidad en uno de los sitios más atractivos del planeta, pero no te tienes que atar a un solo lugar, porque tienes la posibilidad de cambiar tu semana a dónde quieras en el mundo, esto en los mejores hoteles que, igualmente, tienen una excelente ubicación.

Es cuando inicia lentamente el acoso, porque te empiezan a bombardear de información de su "maravillosa inversión" y no te dan tiempo de verificar qué tan cierta es. Como comentario en retrospectiva, si fuera tan increíble esta oportunidad, se deberían estar vendiendo por sí mismos los tiempos compartidos ¿no creen? ¿Cuándo han visto a alguien que intente venderte un Ferrari? ¿Alguien te acosa para viajar a Hawái? ¿Alguna vez han visto un anuncio que te invite a comer caviar (Que sabe asqueroso pero muchos lo consideran un manjar)? La respuesta es "no", porque las cosas que la sociedad en verdad considera valiosas se venden solas. Por cierto, mencioné estos ejemplos porque son ampliamente aceptados en Occidente, no porque me encanten, ya que tengo otras prioridades.

En fin, te agobian con las ventajas de lo que "deberías" querer, con la maravillosa oportunidad que te estás perdiendo. Te empiezan a hacer rebajas increíbles, del 30% hasta el 70%, casi casi te lo regalan. Te traen a su jefe que también es una piraña pero con más experiencia, y entre los dos te hace presión, no te dejan ir.

Esperan que te hartes para que lo compres o, ya de perdida, te vayas sin el dinero de regalo prometido. Se vuelven tus amigos, tus enemigos, tus consejeros, tus acosadores, juegan con tu mente y tus valores morales y religiosos. Su objetivo es claro: quebrar tu resistencia hasta que les compres y, en la mayoría de los casos, lo logran. Ya una vez violado, te pasan al departamento jurídico e inmobiliario para hacer el trámite exprés y te endeudes con ellos.

Ya después te liberan todo cansado para que sigas disfrutando de tus vacaciones, pero te vas con esa sensación de "Si acabo de hacer una gran inversión ¿Por qué me siento tan incómodo con ello?" Con el tiempo sabrás la respuesta. Pero, ¿qué hay de toda esta situación? Este inofensivo desayuno está psicológica y malévolamente planeado. Analicemos la realidad.

Realidad

Estas personas saben perfectamente lo que hacen. Como estás con la guardia baja por las vacaciones, tu humor es ideal para ser sonsacado, es más, esperas que alguien te convenza de hacer alguna actividad divertida, diferente o excitante: Aventarte algún salto de 10 metros, hacer Rafting, visitar cenotes, volar en Helicóptero o en alguna Tirolesa, etc. No esperas que unos estafadores vengan a aprovecharse de tu tiempo de diversión.

¿Y por qué lo hacen cuando estás de viaje de placer? Por dos razones:

A) Si estuvieras en tu rutina normal los mandas en un dos por tres a la chingada, no te darías el tiempo ni de aceptarles el desayuno y lo mismo aplica con un viaje de negocios, porque no tienes tiempo para tonterías sin sentido

B) Tienes el tiempo limitado, ellos lo saben, y mientras más te insisten saben que estás más presionado y ese factor ayuda a quebrar tu resistencia, porque muchos aceptamos con tal de que nos dejen en paz, esto según los incautos que caemos.

Pero hay otro aspecto de presión muy bien diseñado: Su "generosidad". Te van a dar dinero y te dieron un desayuno extenso, lo cual te hace sentir comprometido. Este factor lo usan más adelante si no logran convencerte, ya que lo usan para hacerte sentir culpable cuando te atreves a decirles que no: "Mira tú, como ya desayunaste y te vamos a dar dinero, te vas feliz y contento", y lo hacen ver como si te estuvieras aprovechando de ellos (el burro hablando de orejas).

Cabe señalar que el dinero te lo van a dar hasta el final de todo, hasta que firmes o hagan el máximo esfuerzo para lograrlo, y no antes. Eso también es adrede, porque se aprovechan de tu codicia y aguantas vara para obtener el premio final, sin darte cuenta que tu tiempo es más valioso que ese mugre billete.

Esa generosidad inicial es una cantidad despreciable. Si hubiera sabido lo que se venía, hubiera pagado mi desayuno, el de la promotora y yo le hubiera dado los $100 USD a ella con tal de que me dejara de chingar. Viéndolo en retrospectiva, el castigo que recibí fue justo ya que, gracias a mi estupidez es que acabé pagando más de lo que jamás imaginé.

Pero ahora vamos a lo argumentos que te dan para venderte sus "fantásticos" Tiempos Compartidos.

Parte II: Argumentos para embarcarte con un Tiempo Compartido

Primero voy a repetir las razones que te dan y en la siguiente sección voy a desenmascarar sus mentiras.

Promesas

Te dicen que vas a ahorrar en hoteles, porque con todos los que vas a tener a tu disposición alrededor del mundo, ya no te vas a tener que molestar en buscar uno bueno, porque siempre tendrás uno de alta calidad para que lo elijas fácilmente.

Te comentan que tu compra es una inversión en bienes raíces y que, por lo mismo, tu propiedad nunca va a perder valor, por el lugar en el que está ubicado y que están soportados por los miles de visitantes que llegan todos los días. Así que tú sólo puedes ganar, por el dinero ahorrado en hoteles y porque tu "propiedad" va a tener plusvalía cada año.

Y argumentan que porque venden mucho, es que contantemente deben construir muchos edificios porque su producto es muy solicitado (tanto que te deben de acosar para que lo compres).

También se presentan contigo como que son una empresa sólida, con muchas ganancias, ya que la industria de los Tiempos Compartidos (De la mano del turismo) crece año con año.

Realidades

Algo que cada vez es más evidente en la actualidad es que la gente ya ni siquiera quiere amarrarse a comprar una casa (sobre todo los Millenials), mucho menos embarcarse a un tiempo compartido. Con tanta variedad de hospedaje que hay, encuentras cientos de opciones mejor ubicadas, más baratas y, en una de esas, más lujosas que el tiempo compartido, por lo que este último se convierte en un estorbo más que una ventaja.

Ahora, eso de la amplia disponibilidad es una falacia, ya que en lugares como Berlín, Washington, Japón, Londres, San Francisco, Chicago o Miami, no encontré algún hospedaje de los que ellos ofrecen. En Nueva York tuve que reservar con 10 meses de anticipación, y eso no fue por el tiempo compartido en sí, (porque sólo puedo reservar 45 días antes del viaje), sino por la membresía de RCI que te encandilan. Y ni dicha membresía, ni las reservaciones que haces con ella, te salen gratis.

No mienten cuando te dicen que venden mucho, pero no es por lo maravilloso de su producto, sino por todo el aparato montado que tienen para embaucar a cientos de personas a diario a lo largo del año pero ¿de dónde sacan para vender tantas Semanas? Porque muchas se dejan de pagar cada año, así que embargan la propiedad después de demandarlo por no pagar y le siguen sacando provecho mientras tienen demandados a una buena cantidad de gente. Por otro lado, a los que les sobra lana, hay mucha gente que sigue pagando sin hacer uso del condominio, y así ganan doble.

En donde sí mienten horriblemente es en lo de la inversión a futuro. ¿Inversión? ¡La manga del muerto! Es un gasto y desfalco de lo más evidente. Si hago las cuentas de todo lo que pagué y lo divido entre las veces que en realidad los usé, fueron los hospedajes más caros que he pagado (y por mucho), y eso que traté de usarlo lo más posible, algo raro entre sus clientes que al inicio los usan para después sólo asumir deuda. Aunque los hoteles estuvieran bonitos (sólo el de NY debo reconocer que era de auténtico lujo), no ameritaban el precio que pagué.

Y eso de que es tu propiedad tampoco es cierto porque si quieres hacer uso de tu semana anual, debes de pagar una comisión, que de 250 dólares no baja, porque para todo te cobran comisiones estos cabrones.

Parte III: El despertar

Si desde el proceso de venta empiezas a sentir que se aprovechan de ti, con el paso del tiempo empiezas a confirmarlo.

Te das cuenta que te has encadenado a una compañía y tienes una de dos opciones en las que vas a perder: o ajustas tus vacaciones a las "ofertas" que te dan, con todas las restricciones que te imponen, y que obviamente no te mencionan cuando te la venden, o tiras tu dinero en mantenimientos y membresías y buscas hospedaje mejor ubicado y barato por tu cuenta.

Eso sin contar la hipoteca que les debes pagar por "tu" propiedad. En mi caso, hice un esfuerzo sobrehumano para saldar mi deuda en dos años, pero hay gente que les paga mes a mes cientos de dólares más las membresías, más los mantenimientos, más las comisiones para usar "su" propiedad. Alguien normal, no tendría dinero para viajar unos años, en lo que acaba de saldar las deudas con ellos.

Conforme vas haciendo uso del servicio también empiezas a abrir los ojos con los hospedajes "de lujo". Como ya mencioné, el hotel en NY fue de alta categoría, de hecho, el mejor en el cual he estado y a precio de ganga. PERO fue el único; todos los demás hospedajes estaban relativamente bonitos y cuidados, pero no se compara con lo que estás pagando. El hotel en Cancún y el de Costa Rica eran de unas tres estrellas, algo estándar, pero no la categoría que te prometen. El de Las Vegas y Orlando (sus propios hoteles), están bonitos y prácticos pero, insisto, no a la altura que estás desembolsando.

Cuando contraté el Tiempo Compartido, apenas era mi segundo o tercer viaje, así que estaba algo "verde" pero ahora que ya tengo algunos años, desarrollé una certeza que también va en contra de sus argumentos.

Hoy en día en que viajo frecuentemente, sé que la "belleza" del hotel pasa a segundo término, porque no voy a estar en él. Sólo quieres un lugar tranquilo, limpio y privado para descansar, con lo mínimo indispensable. Empiezas a valorar más la ubicación que los lujos.

Ahora, si usted es de las personas que siempre privilegian un hotel bonito porque se la va a pasar todo el tiempo encerrado en él, y por eso paga hospedajes caros, claramente este escrito no es para usted, así que le ofrezco una disculpa por haber leído hasta acá. Este ensayo está dirigido a personas más terrenales que les preocupa tener un hospedaje decente pero no de lujo.

Hasta aquí esta primera parte de esta trampa, en la segunda platicaré del proceso de desengaño, las consecuencias de dejar de pagar y hospedajes que sí valen la pena.

Ocho de Septiembre del 2018

La Trampa de los Tiempos Compartidos (Segunda Parte)

Continuamos desmenuzando lo que significa esta trampa de los Tiempos Compartidos. En el primer escrito expliqué lo que te venden estas compañías y las mentiras que te dicen para embaucarte.

Parte IV: El desengaño.

Te dicen que "tu" propiedad tiene un gran valor y es fácilmente vendible, que resulta ser la mentira más grande de todas.

Primero intentas venderlo, para darte cuenta que nadie lo quiere y es que, en teoría, es un buen producto, pero demasiado caro para lo que es. Ni siquiera la compañía lo quiere de vuelta ¿Por qué? Porque al final cada una de esas propiedades que vendieron va a volver a sus manos, así que a ellos les interesa seguir sacándote dinero. Por eso ni de locos la van a aceptar de regreso, ya no digas que te devuelvan algo de lo que les pagaste, porque ni regalada la quieren aceptar, ni aunque les pagues una fracción: Ellos sólo quieren seguir ordeñándote.

Ya que nadie la quiere vendida, intentas regalarla, igual y hay gente que se muestra interesada pero, al ver los costos de mantenimiento, se retractan y no los culpo. Ahí es donde recibes un reality Check bien cabrón: "Tu" propiedad no vale nada ¿Por qué? Cuando empiezas a ver opciones de venta te enteras que hay una cantidad ENORME de personas que están interesadas en regalarla o "venderla" por un miserable dólar.

Peor aún, hay gente que te ofrece pagar el siguiente mantenimiento, pagar el trámite del traspaso (unos 300 USD), te regalan una semana en el hotel y te pagan la membresía del RCI. O sea que te dan unos $2000 USD en regalos para que tomes su propiedad. Ahí terminas de darte cuenta del engaño, ¿se imaginan lo desesperadas que están dichas personas por quitarse esa monserga que están dispuestos a pagar $2000 USD con tal de librarse de ello?

Es tal la desesperación que hay muchos estafadores a la orden del día, que te prometen que van a vender la propiedad por ti, te piden dinero y nunca vuelves a saber de ellos. Con estos ya no me arriesgué, porque tenía claro mi objetivo: Ya no iba a dar ni un dólar más a este tema. Ya no me importaba todo el dinero tirado, que lo tomo como el precio de mi estupidez, pero ya no iba a pagar más por ello.

Es por ello que ni las compañías que los venden te lo aceptan regalado, porque ellas mismas saben lo laborioso que es encontrar a alguien que quiera este compromiso. Ni la asociación de Propietarios de Tiempos Compartidos, ni las agencias que promocionan su venta, ni las instituciones de beneficencia, NADIE quiere aceptar estas sanguijuelas monetarias llamadas Tiempo Compartido.

Aquí va un dato que encontré en mi investigación: de todos los tiempos compartidos que se ofrecen en Florida, sólo el 2% de ellos logran acomodarse, y eso es un traspaso entre amigos o familiares. Las ventas reales o traspasos entre desconocidos no se llegan a dar, porque nadie quiere echarse este paquete al hombro.

Pero yo tengo una ventaja contra esas personas que están dispuestas a pagar $2000 USD con tal de que te quites este peso de encima: No vivo en Estados Unidos.

Parte V: Las consecuencias de dejar de pagar.

Ya tenía claro que no iba a dar más dinero a este tema. Mi única preocupación era no volver a entrar a Estados Unidos, y no es que sea mi país favorito, pero me resulta conveniente entrar a él por dos razones: #1 Vuelos de conexión y #2 Para ver jugar a mis Delfines.

Esos eran dos temas que en verdad me consternaban y, a pesar de todo, estaba dispuesto a comprar boletos sin conexión en USA (Aunque fueran caros) y no volver a ver a mis Delfines en vivo, con tal de quitarme esta monserga de encima. ¿Se imaginan mi grado de desesperación?

Pero el problema real era mi consciencia de ñoño bien portado que respeta las leyes, así que el tema me pesaba. Investigué en varios lados, pero todos hablaban de las consecuencias para los residentes gabachos, ninguna hablaba para los extranjeros que habíamos caído en esta trampa.

Pregunté directamente, pero ninguna de las instituciones se animaba a darme una información clara, sólo se limitaban a repetir la afectación que los gringos tenían, pero no se comprometían a decirme más. Esta actitud es común en la cultura gabacha, porque no te quieren decir algo falso, incorrecto o que los comprometa, así que prefieren decir que no saben y/o sólo responder con lo que saben (y también por el miedo que los vayas a demandar por engañarte).

Por fortuna tengo amistades en los Estados Unidos y solicité su orientación con sus abogados. Uno de ellos tiene un abogado muy fregón, así que me hizo el favor de preguntarle en mi nombre. A continuación les resumo la respuesta.

El dejar de pagar no afectaría de ninguna forma el estatus migratorio porque no se está quebrantando ninguna ley. Simplemente se está dejando de pagar por insolvencia económica.

La única consecuencia que esto tendría es que lo van a reportar al equivalente gabacho del Buró de crédito, lo cual puede afectar en un futuro si se desea sacar algún crédito bancario en USA, pero también es muy relativo porque uno no tiene número de seguridad social, y ésa es la forma en la que rastrean el crédito en dicho país.

Sin embargo, la falta de pago en los tiempos compartidos es muy común, por lo mismo, no tienen mucho peso en cuanto a los reportes de las diferentes agencias de crédito. Lo más probable es que al ver que uno no vive en Estados Unidos se olviden del asunto.

Por ley la compañía tiene la obligación de mitigar sus pérdidas buscando otro inquilino, si no lo hacen, es por negligencia y ésa es su culpa. Los tiempos compartidos tienen muy mala fama en cuanto a honestidad y sus prácticas comerciales, entonces sus quejas ante los buros de crédito no tienen mucho peso.

Obviamente vienen llamadas y misivas con exigencias de cobro, incluso amenazando, pero no pueden hacer mucho. Finalmente, no se está cometiendo ningún fraude porque la propiedad está en sus manos. Sería otro caso si por ejemplo se compra un coche a crédito en Estados Unidos, te lo llevas a México y después dejas de pagar, en ese caso las cosas serían muy diferentes.

Suponiendo que el caso llegue al IRS (el SAT de los gabachos), esta dependencia no tiene ninguna conexión con migración, así que uno puede seguir entrando a Estados Unidos a pesar de tener estos pleitos con los Tiempos Compartidos.

Ahora, quiero recalcar, este es MI caso, que saldé mi hipoteca, no vivo en Estados Unidos y que ya no voy a pagar mantenimientos. No sé cómo aplique a personas que no hayan saldado la hipoteca. Para los residentes en Estados Unidos hay demasiada información al respecto, muy fácil de encontrar, así que ese tema ni lo tocaré.

Parte VI: Un hospedaje que SÍ vale la pena

Con el paso de los viajes he aprendido a buscar buenos hospedajes, con excelente ubicación a precios accesibles, usando principalmente la plataforma de Booking. Les voy a compartir el caso con un viaje corto que hice a San Diego.

En la ciudad californiana me quedé en un hotel llamado Quality Inn San Diego Dowtown North, mismo que voy a comparar con mis experiencias en los hoteles del Tiempo compartido.

A) Ubicación: el Hotel de San Diego estaba junto al Balboa Park y podías trasladarte al centro o a los muelles caminando o, si no te gusta caminar, pasaban varias rutas de transporte público, además de que había mucho espacio en la calle para estacionarse.

De los hoteles que reservé con el Tiempo Compartido, sólo el de NY estaba bien ubicado, los otros no estaban tan cerca de los atractivos turísticos. Incluso te cobraban el estacionamiento o el Shuttle que te lleva a ellos. ¡Ah! Y eso si es que encuentras hotel en la zona que te interesa, porque no tienen tanta cobertura como te quieren hacer creer, así que es factible que no encuentres nada cerca de la zona en dónde quieres hospedarte.

B) Limpieza: El Hotel estaba limpio, las dos noches que pasé ahí, no tuve quejas. Por otro lado, en estadías de una semana, en los hoteles de los tiempos compartidos, te hacían la limpieza una o dos veces por semana (o ni te la hacían, como aconteció en Cancún o Costa Rica).

C) Wi-Fi: Mi Hotel en San Diego tenía Wi-Fi en todo el edificio, ya incluido en la tarifa y de muy buena velocidad. Con el Tiempo compartido en Orlando y Las Vegas te cobraban el Wi-Fi (bastante caro por cierto), y en otros lugares, como Cancún o Costa Rica, ni siquiera había conexión

D) Desayuno buffet: en mi hospedaje en San Diego estaba incluido el desayuno, el cual tampoco era de alta calidad, pero estaba abundante y estaba suficientemente rico para que te lo comieras con gusto. En cuanto a las cadenas del tiempo compartido, NUNCA había desayuno gratis y los hoteles que te ofrecían el All-Inclusive tenían un precio bastante caro para dártelo (100 USD por día, adicional a la reservación).

E) Sin lujos innecesarios: el hotel en San Diego era sencillito pero mi cama estaba bastante cómoda y era Queen Size, también te ponían TV con Cable, teléfono, microondas, baño completo, aire acondicionado, equipo para planchado, te cuidan el equipaje, secadora de pelo, frigobar, café gratis y ya, ni más ni menos. Los hoteles del tiempo compartido te ofrecen todo eso pero también otras cosas que no necesitas y que estás pagando por ellas, cosas que ni tocaba porque no me las fueran a cobrar.

F) Accesible: Por dos noches pague $142 USD, o sea de a 71 USD la noche, que es la tarifa más baja, si encuentras una buena oferta, que encuentras en los tiempos compartidos, y de ahí para arriba. Todo esto sin pagar mantenimientos, anualidades, membresías, hipotecas y demás cargos que se les puedan ocurrir al momento de hacer tu reservación porque, créanme, TODO te lo cobran los desgraciados de los tiempos compartidos. Y eso es nada, meses después fui a un hotel similar en Fort Lauderdale en donde pagué $47 USD la noche.

Pero, a pesar de todos estos argumentos hubo uno más determinante para recomendarles este tipo de hoteles en lugar de embarcarse con tiempos compartidos: los huéspedes. En el desayuno me di cuenta que la mayoría de los que ahí estábamos éramos extranjeros, especialmente europeos y asiáticos.

¿Por qué menciono esto? Porque justamente este tipo de viajeros son los que buscan la opción óptima de hospedaje, la relación calidad-precio es importante para ellos. El hecho de ver que la mayoría de huéspedes eran de Asia y Europa me confirmó que hice una buena elección, al ser gente que prioriza la relación costo-beneficio en sus vacaciones.

No nos molesta quedarnos en un hotel modesto, porque sólo vamos a dormir en él, porque salimos a aprovechar el día, por eso desayunan temprano, porque no mencioné eso, el desayuno estaba disponible de 7 a 10, yo bajaba a las 7 y ya estaban todos ellos ahí, así que me sentí feliz de que tanta gente con mis valores de viaje se hospedara en dicho lugar.

Conclusión General

Fácil: ¡**NO** contrate Tiempos Compartidos! Tiene muchas opciones más baratas, justas, fáciles y libres de contratar. No se eche la soga al cuello.

Tal vez si estas compañías fueran más claras y/o leales con sus contratos, tarifas e información, posiblemente más gente se quedaría con ellos y tendrían un negocio más sustentable, sin la necesidad de embaucar a tantas personas.

Personalmente no puedo culpar a los dejan botados con los mantenimientos pago y demás porque, cuando te vas dando cuenta que te han timado, no te nace propiamente ser leal o correcto con ellos.

La desesperación con la que estas empresas engañan a la gente, más el valor nulo de reventa que tienen su propiedades me hace pensar que estos Tiempos Compartidos tienen los años contados. Ojalá así sea, porque es lo menos que se merecen.

Conclusión Personal

Al inicio de la parte uno dije que ahí aprendí que nadie te da algo que parece maravilloso de forma gratuita, lo cual fue una afirmación errónea, porque ya me había pasado: Tres años antes al tiempo compartido viví algo similar con mi cuenta en Sitma y, como fui tan bruto para no comprender la lección, la vida fue muy generosa y me repitió la dosis, pero ahora de forma diferente.

Obviamente las situaciones son relativamente diferentes, ya que uno fue un fraude completo y el gringo fue un fraude "legal", sin embargo, en ambas hubo una parte de estupidez de mi parte, sobre todo al ignorar lo que me decía mi inconsciente al momento de echarme la soga al cuello.

Y, si nos vamos más atrás, es la tercera vez que la riego tan feo al ignorar mi sentido común y embarcarme en algo que, a todas luces, era un error ¿Adivinan? Yep, me refiero a mi fallido matrimonio.

Desde pequeño me costaba trabajo decir "No" y, con el paso de los años he pagado el precio de no decirlo a tiempo. Créanme que hoy en día lo digo con más facilidad, tal vez soy hasta demasiado directo. La gente se ofende, pero por lo menos estoy en paz.

Si algo no se siente bien, sin importar si es un asunto grande o pequeño, es recomendable no hacerlo. Hay algo en nuestro interior que sabe lo que es bueno para nosotros y lo que no lo es.

Aprender a decir un "¡No! ¡Ni madres Cabrón!" a tiempo puede ahorrarte muchos dolores de cabeza (el "¡Ni madres Cabrón!" es opcional). Muchas veces es difícil hacerlo pero, después de haber pagado precios tan caros (y no sólo me refiero al dinero), comprendes que es por tu bien, sobre todo si tu sentido común te está respaldando. Como reza el viejo dicho "De que lloren a tu casa a que lloren en la mía, ¡qué lloren en la tuya!"

Nueve de Septiembre del 2018

La importancia del dinero

Estaba en el hotel, empacando para el viaje de regreso a casa, cuando vi la enorme cantidad de bonitos regalos que llevaba y, antes de cuestionarme si eran demasiados, reflexioné: "Si no puedes invertir tu dinero en la gente que te importa, incluido tú mismo, ¿Qué caso tiene ganarlo?" y continué haciendo la maleta con mucho gusto - Hebert Gutiérrez Morales.

24 de Noviembre del 2018

La destrucción que nadie quiere evitar

Platicaba de la inminente destrucción de la humanidad, a través de su voraz destrucción del mundo, y me preguntaban si no creía que aún hubiese tiempo para revertir todo el daño, a lo que respondí: "Para mí ya pasamos del punto de no retorno, y no porque no podamos revertir el daño al planeta, sino por el grado de estupidez, ignorancia y ambición que ha alcanzado la humanidad. Si nos pusiéramos a salvar al mundo, la gente dejaría de 'ganar' en la carrera de ratas que es el capitalismo, y prefieren perder el mundo, y de paso la vida, antes que ceder en sus ambiciones. Triste el momento en que el ser humano pasó de ser un animal racional a uno ambicioso, porque la codicia venció al sentido común" – Hebert Gutiérrez Morales.

Cuatro de Diciembre del 2018

Valor y precio

"Es irrefutable que lo barato sale caro pero,
por otro lado, no necesariamente lo caro siempre sale
bueno" – Hebert Gutiérrez Morales.

Diez de Septiembre del 2019

Gente pidiendo dinero en las esquinas

Desde que tengo uso de razón, siempre he visto personas pidiendo dinero en las esquinas, algunas limpiándote el parabrisas, otras vendiéndote algo, hay quien hace (literalmente) malabares y algunas otras simplemente mendigándolo sin nada a cambio.

Por desgracia esto ya es parte del paisaje urbano normal, así que uno se hace indolente con esta gente, misma que se multiplica con el paso del tiempo, producto de la sobrepoblación y la falta de empleo o, en algunos casos, la falta de ganas de trabajar.

Es raro que les dé porque sé que muchos están siendo regenteados y son explotados para darle el dinero a su "padrote" o como se diga. Porque en un país tan corrupto, gandaya, deshonesto y desleal como México uno no puede darse el lujo de ser humano sin el riesgo de verse timado. Así que aunque quieras ser solidario, la gran mayoría de las veces se están aprovechando de ti.

Pero hay maneras de ayudar a la gente sin tener que dudar de sus motivos. Por ejemplo, la otra vez estaba comiendo en mis tortas de cada sábado, y entró una señora vendiendo postres (empanadas, pastelillos, payes, panes y demás). Estaban un poco caros, pero es porque los hizo por su cuenta, por lo que seguramente le cuestan más que en un negocio, aun así prefiero hacerle el gasto a ella para que se ayude.

Esa misma lógica la utilizo con mucho de lo que compro, ya que procuro hacerle el gasto a los negocios pequeños de mi rumbo: pan, planchado, lavado del autos, dulces, agua, medicina, palomitas, platanitos, comida, horchata, etc. Esto para contribuir a la economía de la gente trabajadora de mi zona, en lugar de gastarlo en grandes negocios a los que el grueso de la gente normalmente va.

Y eso también va para los viene-viene, los cerillitos o los que me echan la gasolina, a los cuales les doy $5 de propina pero, a últimas fechas, he considerado subirlo a $10, porque sé que la inflación sigue avanzando y esta gente vive de estas propinas.

Regresando a los que piden dinero en los semáforos, el viernes me tocó una chica haciendo malabares con fuego, y eso me pareció de mucho mérito, por lo que le di una moneda, la cual agradeció con gusto.

Al final no puedo ayudar a toda la gente con necesidad en el mundo, pero tal vez puedo ayudar a algunos cuantos. De hecho tengo un proyecto para mi retiro, en donde debería tener más dinero del que podré gastar, así que apoyaré a chicos con mucha capacidad intelectual, pero recursos económicos limitados, para que prosigan con sus estudios. Por lo mientras seguiré dando lo que esté a mi alcance.

Ocho de Marzo del 2020

Aprovechándose de los pobres

"No estoy a favor del populismo que regala dinero a los pobres para mantenerlos así a cambio de un voto pero, también es cierto, hay que encontrar una versión más noble al capitalismo voraz que beneficia a unos cuantos y mantiene a muchos en la miseria" – Hebert Gutiérrez Morales.

24 de Febrero del 2021

Maleducados para gastar (lo que no tienes)

La generación más pobre, la que no va a tener para retirarse, la que no puede comprarse una casa y que van a sufrir cuando dejen de trabajar, tiene un origen, y ellos son en parte responsables de ello.

Menos salario y prestaciones

Se dice que los Millennials son la generación mejor preparada académicamente (o por lo menos esos dicen las estadísticas porque, para la vida práctica, están bien puñetas) pero, al mismo tiempo, son la peor pagada, ganando en promedio un 20% en comparación de sus contrapartes de la Generación X a la misma edad.

Y esto lo veo de primera mano ya que, cuando entré a la empresa, tenía un sueldo bajo, pero en un par de años ya lo había duplicado y, en menos de cinco, ya ganaba a la par de mis colegas.

Ahora, cuando entra alguien joven, veo lo que ganan y, considerando la inflación de 20 años atrás, no hay mucha diferencia con lo que me contrataron PERO, para que suban su salario les toma muchos años, y en verdad me refiero a MUCHOS, haciendo casi imposible que alcancen el salario que actualmente tengo, a diferencia de cuando yo estaba a esa edad, porque sabía que eventualmente iba a alcanzar a mis compañeros más veteranos.

Pero no sólo es eso, las prestaciones no son las mismas, si comparo con las que entré contra las que actualmente se tienen, hay una diferencia brutal. Obviamente esto nos afecta a todos, pero resulta que a los nuevos empleados los contratan con menos prestaciones de los que ya estamos ahí desde hace años.

Diferencias generacionales

Así que mis colegas Millennials ya no disfrutaron de las mieles de la abundancia, mientras que yo aproveché esos tiempos para hacerme de un patrimonio y, de no haberme casado (y otros dos malos negocios), tal vez a estas alturas ya estaría considerando un retiro temprano, algo que para ellos no suena muy factible, por lo menos estando de Godínez en la empresa.

Y ojo, la empresa donde trabajo es de las mejores de México en cuanto a prestaciones, prestigio y salarios, porque he llegado a platicar con gente que labora en otras compañías y sus realidades son mucho peores, así que agradezco de estar en donde estoy.

Obviamente los Millennials se quejan de esto, de que ya no les tocaron terrenos ni casas baratas para formar su patrimonio, y demás obstáculos con lo que tienen que lidiar respecto a los Baby Boomers, mismos que tuvieron mucha abundancia, y hasta se peleaban por ellos para contratarlos y pagarles bien. A la Generación X ya no nos tocó tanto como a los Boomers, pero todavía alcanzamos una buena época laboral.

PERO, lo que no te dicen estos mequetrefes millennials es que hay otro factor importante, además de que ganan poco respecto a las generaciones de atrás, uno que es más relevante para su miseria que las condiciones de trabajo (que también pesan, no lo niego): su actitud despilfarradora o esa necesidad de darse sus lujos.

Sus gustitos

El problema es que la gran mayoría de sus "gustitos" se clasifican en dos categorías: Cosas que no son vitales y en las que gastan a lo pendejo y cosas muy caras más allá de su nivel de ingresos y que se endeudan para tener un estilo de vida que no les corresponde.

Y es que conforme fueron creciendo fueron surgiendo servicios que les hicieron la vida fácil y creyeron merecerlos porque así fueron educados. Por ejemplo, tomemos el Uber Eats que, personalmente, me parece una estupidez, ya que muchos negocios ya tenían el servicio a domicilio gratis, pero ahora la gente tonta paga más por un servicio que ya recibía sin costo adicional de muchos lugares.

Muchos argumentaran "Es que ahorras tiempo y es más cómodo". Bueno, si te sobran los recursos, no tengo problema en que te des lujos e incluso tengas un staff para atenderte, pero no te estés quejando porque no tienes dinero mientras lo despilfarras en servicios que no están de acuerdo a tu nivel de ingresos.

"Es que sólo son 20 o 30 pesitos" pero si utilizas el servicio algunas veces por semana o varias veces por mes, y haces la cuenta de lo que gastas al año en eso, tal vez te darías cuenta que es más de lo que alguna vez pensaste.

Streaming

Pero no sólo gastan en eso, sino en varios y diversos servicios en su versión de paga como Spotify o YouTube, también en servicios de Streaming como Amazon Prime, Disney Plus, Netflix, Hulu y la que quieran. Y sí, sé que la gente debe entretenerse, yo mismo contrato toda la temporada de la NFL por Internet pero, vuelvo a lo mismo, el caso no es que contraten, lo vital es que su nivel de ingresos lo permita.

Y es que les gana la ambición, por ejemplo, en los servicios de Streaming, ¿En verdad necesitan tener todos? "Es que algunas series o películas están en uno y otras en otro"; ok, entonces contrata un mes un servicio y ve todo lo que tienes pendiente en él y luego pásate al otro. Pero no, mantienen los cuatro o cinco y les va sangrando de a poco sus recursos. ¿De qué les sirve estar entretenidos si no tienen para vivir dignamente?

Personalmente, además de que no tengo la necesidad de ver TV (o streaming), me siento muy afortunado de que me críe en una familia de clase media y en una época en que el consumismo no era tan marcado ni obsceno, así que no fui programado para gastarme lo que no tengo para pretender ser algo más de lo que en realidad soy.

Malcriados

Los Millennials son así porque fueron malcriados por sus padres para obtener lo que no se merecen, como incentivos por pasar de año, medalla por participar, premios de consolación, regalos por portarse bien y tanta madre con los cuales los consintieron. Así que se acostumbraron a un nivel de vida alto sin el mínimo esfuerzo, no les costaba y siempre los gratificaban, así que no lo aprendieron a valorar.

Y lo menciono porque a mí no me dieron nada de a gratis en casa. Usualmente sacaba 10 en la escuela, cuando llegaba con un 9 me cuestionaban, ya ni les cuento el terror que sentía las contadas ocasiones que sacaba un 8. Pero en ningún momento me decían "Saliste en el cuadro de honor. Toma, te regalo un videojuego", obviamente no, lo más que me decían era "muy bien, ésa es tu única responsabilidad, sigue así"

Así que si quería algo más allá de casa, vestido, educación y sustento, me lo tenía que ganar, ya sea con chambas especiales (lavar el coche o cortar el pasto) o con el poco dinero que ahorraba de mi Mesada. Así que aprendí a valorar mis cosas, lo que cuesta ahorrar y lo satisfactorio de comprarte algo con tu propio esfuerzo.

Los Millennials quieren todo lo bonito, pero no les enseñaron cómo ganárselo. Así que ahora están pagando un estilo de vida para el cual no ganan lo suficiente, esto aunado a que las condiciones laborales no son tan óptimas como en épocas anteriores, como ya comenté en un inicio.

Pagar lo que no tienes

Pero estos chamacos no son humildes ni sensatos y su bienestar se basa en tener un celular de alta gama, servicios de lujo, ropa y calzados caros, comidas y mercancías premiere pero, eso sí, viviendo en casa de los papás.

Por ejemplo, recuerdo que una conocida Millennial, a la cual no le alcanzaba para ir a Disney, ahora quería ir a Bali, "¿Con qué dinero?" Le pregunté, y ella me contestó "Cargándolo todo a la tarjeta de crédito. Ya después veo cómo lo pago" Y esa falta de planeación y/o actitud tan irresponsable con los recursos (sobre todo los que no tienes), es lo que los tiene jodidos.

Otro servicio "Premium" que le gusta a esta generación pobre son las salas VIP del cine, las cuales son mucho más caras que las normales. He estado en cines VIP en un par de ocasiones, y eso porque sólo ahí estaba la película que quería ver, pero no son lugares de mi agrado porque, para mí, el precio es muy caro para lo que te dan o, viéndolo de otra manera, lo que te ofrecen no es importante para mí. Y es que, en realidad, sí voy a funciones VIP, pero muy baratas.

Y es que mi VIP es matinée del sábado, entrada barata, sala vacía y terminar a buena hora. Ni siquiera gasto en palomitas porque voy después de desayunar y, lo que hubiera pagado por un combo, mejor lo gasto en una buena comida, para mis estándares aclaro, no en restaurantes mamones que estos chamacos pendejos creen que es "una buena comida".

Hablando de restaurantes lujosos, conozco una pareja que renta y que, en teoría, están ahorrando para comprarse una casa, sin embargo, salen a restaurantes mamones y se dan regalos caros.

Obviamente es su dinero y se lo pueden gastar como quieran pero, si la prioridad es dejar de pagar renta (que al final es recurso en saco roto), pues tal vez sea mejor apretarse el cinturón para comprar casa pronto y dejar de estar tirando la plata en rentas.

¿Un cafecito?

Conozco otros Millennials en el trabajo que a diario van al Café Punta del Cielo, mientras que yo llevo el mío de botecito nada fancy que compré en la bodega. Mi bote de café instantáneo vale lo de un solo vaso de ellos, con la diferencia que me dura más de dos semanas. Así que, si sacamos cuentas, mensuales se gastan (por lo menos) 540 pesos más al mes en cafés que yo (considerando que pagaran el más chico y barato), lo que significaría un gasto anual adicional de 6500 más al año.

Y de esos gastos podemos sacar muchos como restaurantes, cines, celular, paquetes de Internet, salidas al antro, eventos sociales, servicios de Streaming y demás ¿Ya ven de dónde se pagan los viajes o cómo pagué mi casa?

"Pero es que el café no sabe igual, a mí me gusta de calidad", ok, es respetable tu argumento, pero no esperes que te alcance para todo, especialmente si mantienes un nivel de gastos alto por darte todos los gustitos que crees merecer, porque una cosa es que sientas que los merezcas, pero otra muy distinta pagar por ello.

Gastar menos de lo que tienes

"Es que tú tienes dinero", dirá alguien muy fácilmente. Pues déjenme decirles dos cosas: en la empresa hay gente que gana lo mismo (o más) que yo, que está soltera y sin hijos que, en teoría, podría viajar tanto como yo pero ¿saben algo? No conozco a nadie en el trabajo que viaje tanto como yo (de placer me refiero y por sus propios medios).

Y es que una parte de la ecuación es un buen salario, pero la otra es la disciplina al administrar tus gastos y, honestamente, mi estilo de vida es bastante sencillo, así que tengo buen espacio para ahorrar.

Eso no tiene que ver sólo con los ingresos porque, si mi salario fuera menor, así lo serían mis gastos, ya que así fui educado: a no gastar más de lo que tienes, es más ni siquiera lo que tienes, sino a gastar menos, para poder así ahorrar para algo que quieras.

Ése ha sido el más grande tesoro que recibí de mis padres: mi educación. Porque me vale madre tener muchas posesiones o las que te dan status, porque valoro más dormir satisfecho y tranquilo al no deberle nada a nadie, algo que, en estos días de consumismo y apariencias es un verdadero lujo, y no todas esas mamadas que compras y que se irán a la basura.

"La riqueza consiste mucho más en el disfrute que en la posesión" – Aristóteles

17 de Agosto del 2021

Capitalismo deshumanizante

En la última semana del 2021, originalmente, me iba a ir de vacaciones a Pinal de Amoles para hacer senderismo pero no se juntó el grupo para hacer las caminatas, y no iba a pagar yo solo el tour porque me iba a salir muy caro.

Así que me quedé en casa, lo cual me dio oportunidad de hacer evidentes algunas de las terribles consecuencias que tiene el capitalismo en nuestra vida.

La utilidad de las vacaciones

Ciertamente me servía quedarme en casa, ya que tenía mucho que leer y escribir, que no es algo nuevo porque, sin importar cuantas ganas le eche, sé que moriré teniendo muchos pendientes por leer y escribir. El caso es que, aunque tenía mucho en qué entretenerme, me di cuenta que el salir de viaje es algo muy valioso para mi salud mental.

Salir de tu entorno, de tu rutina, es algo que te ayuda a valorar tu existencia y darte cuenta que tu vida cotidiana no es el mundo entero. El reconocerte en otro ambiente, el saberte capaz de hacer otras cosas ayuda mucho a tu amor propio.

Me he dado cuenta que si no salgo de mi rutina o de mi ambiente, la vida se torna vacía y redundante. Si no sales del ámbito en el que normalmente te mueves, tus sueños y alma se ven debilitados, y más porque estás muy cómodo, pero no siempre quiere decir que sea positivo.

Por ejemplo, estuve tan cómodo toda la semana que al final me dio hueva salir al cine a ver las últimas entregas de Matrix y Spiderman, porque estaba muy a gusto con mi rutina de vacaciones. Y este pequeño ejemplo es una muestra de lo que nuestra rutina nos hace a niveles más grandes: porque estamos tan cómodos que tendemos a no cambiar nada, lo cual nos mantendrá calientitos y seguros, pero tampoco sentiremos nada nuevo ni emocionante,

De ahí la utilidad de salir de ahí y reconocerte en otros ambientes, convivir con otras personas y hacer otras cosas, para que entiendas que el mundo es más grande y tu vida debes dedicarla a conocer lo más que puedas de él, y no sólo tu trabajo.

Dinero y Bienestar

Amo mi país, pero me caga su gente, y aunque he aprendido que no debo confiar en ellos, eventualmente bajo la guardia, para luego recordar porqué vendo tan cara mi confianza en alguien.

Alguien me quedó mal con unos pagos, así que me fastidió muchos planes y compromisos que tenía que saldar durante estas fechas. Sé que eventualmente me va a pagar, porque es alguien honesto, pero por lo mientras el daño ya está hecho y me metió en apuros, y tuve que apretarme el cinturón.

Así que recordé lo que era estar apretado de dinero, ya que lo viví durante esos oscuros meses que duró mi matrimonio, y no es nada agradable. Aunque evito sumergirme por completo en este capitalismo voraz en el cual vivimos, de todas formas vivo en él y ahí te das cuenta que, en ese sistema económico, el dinero es un factor vital para asegurar tu felicidad y tranquilidad.

Y es que tener dinero te abre todo un abanico de posibilidades, y eso te hace sentir seguro y poderoso, porque eres libre de hacer lo que quieras, sabiendo que no dependes de nadie más para hacerlo. Así que, materialista o no, el dinero influye directamente en tu estado emocional, y no es algo que me guste admitir, pero es un hecho que simplemente es.

Ya no quiero trabajar

Todos los días de la semana me levanté tarde, que para mis estándares son las 7AM, por lo que dormía entre 8 y 9 horas, y me levantaba sin culpa a hacer mi ejercicio. Al terminar desayunaba con toda calma mientras escuchaba alguno de mis podcast favoritos, para después ponerme a leer o escribir, sólo interrumpido para ir al baño o prepararme de comer.

Mientras pasaban los días me decía "Qué bonita es la vida así, sin tener que trabajar", lo malo es que el dinero no se da en los árboles y todos lo necesitamos para vivir, como mencioné en el apartado anterior.

Aunque ya tengo domado mi puesto actual, como he mencionado en otras ocasiones, ya no amo mi trabajo desde hace mucho tiempo y, a pesar de ello, hago mi labor lo mejor posible, pero eso es más por mi educación y valores que por amor a la empresa.

También sé que parte de este rechazo es que ya vamos a regresar físicamente a la oficina (tres días presenciales y dos de home office) a partir de esta semana, así que uno debe volver a modificar su estilo de vida, al cual ya estás cómodamente adaptado, tras casi dos años de trabajo en casa.

Tal vez por ese sentimiento de frustración de volver a trabajar, la noche de año nuevo, soñé con mi amigo Luis (al cual le regalaba un reloj) y con Alma (con la cual fuimos a echar desmadre), como en los buenos tiempos, cuando todavía amaba mi trabajo, en aquella época que éramos felices (¡y lo sabíamos!). Sé que es un reflejo de mi estado emocional, y también sé que, mientras no me gane la lotería, no hay remedio.

El imperio capitalista

Lo que sí es triste es que yo, que trato de viajar, de tener tiempo para mí y mis pasatiempos, que evito gente nociva en mi existencia y demás acciones para mi salud mental, me sienta así con el trabajo, no me imagino a mis compañeros que no tienen toda esa holgura de recursos que dedico para mi bienestar individual, sin contar que tienen infinidad de compromisos y deudas que saldar.

También es triste que uno deba ponerse las cadenas de manera voluntaria por unos cuantos pesos a cambio de vender tu alma, tu bienestar y sueños para conseguirlo. Incluso me he sorprendido anhelando la jubilación, para la cual faltan por lo menos 15 años y me reclamo "¿O sea que sólo vas a ser feliz cuando dejes de trabajar Hebert? Eso quiere decir que hay algo mal que debe ser resuelto hoy en lugar de esperar a desperdiciar 15 años de tu vida".

Pero mientras encuentro la solución, que ganarme un millón de dólares en la lotería me ayudarían mucho, seguiré ahorrando para escaparme en mis viajes y continuar invirtiendo en mi bienestar emocional para compensar el desgaste de trabajar en algo que ya no amas.

Y ahí te das cuenta que, aunque vives en el capitalismo, también debes aprender a luchar contra él, para que no acabe de envenenarte y se apodere de tu alma, como toda esa gente que gasta el dinero que no tiene, en cosas que no necesita, para sorprender a gente que no le importa y que, cuando todo el frenesí de las fechas decembrinas pasa, se sienten miserables en Enero porque están más gordos y pobres que antes que empezara esta dinámica de consumismo, porque uno cree que consume productos, pero al final esa necesidad de poseer es la que consume nuestra alma.

Pero sé que vivo en el imperio capitalista, y no hay salida de él, porque tampoco me atrae la vida de un hippie mugroso que vende pulseritas o brownies de marihuana, quedándose en una tienda de acampar a la orilla de la playa.

Al final el sistema así está diseñado, para crear productos que consumen y producen otros productos (nosotros) porque ya no somos ciudadanos, somos simples consumidores que hacen funcionar el engranaje de la enorme maquinaría de producir y comprar.

Y no, no me encanta el sistema, pero también soy realista, no puedo hacer un sistema por mí mismo, lo más que puedo hacer es seguir construyendo mi estilo de vida que me recuerde constantemente que no soy ni mi trabajo, ni mis posesiones y que el mundo es más allá que sólo dinero pero, irónicamente, necesito dinero para llevar ese estilo de vida.

Así que debo seguir defendiendo un estilo de vida auténtico y saludable para mí, mi psique y mi cuerpo. Dentro de eso tengo que mentar madres del sistema como desahogo, que es lo único que me queda contra esta enorme maquinaría que jamás podré derrotar.

Y bueno, sé que tampoco esto va a ser para siempre, porque ya nos estamos acercando cada vez más, y a pasos agigantados, al colapso de sistema, y con ello de la civilización en sí, así que sólo me queda disfrutar del viaje mientras aún se pueda.

Dos de Enero del 2022

¿El dinero no compra la felicidad?

Se dice que el dinero no compra la felicidad pero, en este mundo capitalista, tristemente, sin dinero es casi imposible alcanzarla.

Plenitud y dinero

Eso me quedó claro a inicios de este año, en donde tuve que apretarme el cinturón, nunca endeudarme, pero algunas malas decisiones financieras, limitaron la bonanza que había experimentado desde mi divorcio, por lo que había vivido de manera holgada desde hace varios años.

Y venga, que no suelo despilfarrar, soy muy medido en mis gastos y trato de tomar decisiones inteligentes, así que mi nivel de gasto es mucho menos que el estándar para mi clase socioeconómica.

Así que durante unos meses, cuando no gozaba de mi holgura o libertad económica acostumbrada, me sentí infeliz, inseguro y débil, incluso vulnerable, y conste que no tenía deudas, sólo que no contaba con el respaldo económico con el cual normalmente me muevo y me da seguridad.

Y es que cuando tengo mis finanzas e inversiones en orden me siento pleno, seguro y hasta poderoso, todo esto sin necesidad de ser rico, simplemente teniendo esa solidez económica que me válida en este mundo capitalista.

Ese respaldo que me permite planificar mis viajes sabiendo que puedo reservar todo lo que quiera, comprar la despensa sin llevar una lista o estar limitado por un presupuesto mensual de gastos. Obviamente, leído así, sonará que gasto sin control o cuidado pero, lo cierto es, siempre busco la mejor relación calidad precio, pero también sé que si hay algo que quiero, me lo puedo comprar.

Clases sociales y trabajo

Sé que soy afortunado por esto que menciono, porque hay una gran parte de la población que, al tener limitados recursos, cualquier cambio en los precios, o un evento imprevisto, resulta en toda una catástrofe financiera que representa una amenaza real para que su vida se torne, aún más, miserable.

Por otro lado, también sé que hay otra clase mucho más arriba de mí, sin tener que ser de los top millonarios del mundo, que ni se fijan en los precios, que ven los vuelos por los horarios que les conviene y no es el costo el principal factor de decisión.

Y ahí recuerdo esos memes que dicen "¿Cuál es el trabajo de tus sueños?" y uno responde "En mis sueños no trabajo", y es que ciertamente uno no trabaja por gusto, lo hace por necesidad de dinero, para salir adelante.

Personalmente, si tuviera suficiente dinero para mantener mi estilo de vida hasta el final de mis días, de loco seguiría trabajando, ya que sólo me dedicaría a viajar, leer, escribir, correr, nadar y hacer mis cosas, no a intercambiar mi tiempo por dinero, porque eso es normalmente el trabajo: tu vida por un sueldo.

El dinero que te quema

Aunque sé que es el sueño de todos pero, por ridículo que suene, no toda la gente está preparada mental y emocionalmente para tener grandes cantidades de dinero. Eso se ha visto en innumerables casos de personas que, repentinamente, reciben grandes fortunas y caen en la perdición, incluso para volverse más miserables que antes de probar las mieles de la abundancia.

Y es que si no tienes un preparación personal, familiar, psicológica y moral, es fácil que enloquezcas al tener muchos recursos y de inmediato te embarcas en ese frenesí de gasto sin control, dejando de ser tú para convertirte en lo que, te dicen, debes anhelar, sin responsabilidades ni limitaciones, cual vil chamaco inmaduro, y al final se ven las consecuencias.

Por desgracia, en este mundo capitalista, el dinero se ha vuelto algo vital, pero no todos estamos preparados para lidiar con él, aunque siempre nos haga falta (sin importa cuánto tengamos, siempre queremos más).

No importa que tengas mucho, siempre anhelas más, siempre ves a los de arriba y aspiras a ser aún "mejor", esto al poseer más. Ahí se ve una afectación de tus valores personales. Porque solemos confundir nuestro valor como persona con nuestras posesiones, así que si tenemos poco para satisfacer todas las exigencias del mundo moderno, en consecuencia te sientes basura, aunque seas una gran persona.

Dinero y amor propio

Pero el tener mucho tampoco te garantiza una felicidad automática, porque si no tienes una base interna sólida, que te sustente como persona, y te deje claro que vales por ti y no por tus posesiones, de todas formas te vas a deprimir, aunque compres mucho, porque dentro de ti hay un vacío existencial que jamás podrás llenar posesiones, pero poca gente lo entiende y sigue adquiriendo mercancías, esperando encontrarle un sentido a la vida.

Es por eso que, sin importar cuánto tengas, si alguien más te dice "¿Quieres más?" casi todos contestarán "¡Obviamente si!". Y es que poseer más lo vinculamos con el status, con realizarse, con ser alguien reconocido y, erróneamente, amado.

El comprar los hace sentir que son alguien, les da satisfacción, que los demás los reconozcan a través de sus posesiones o los lujos que se dan con su dinero pero, mientras sigamos dependiendo del reconocimiento externo para llenar el vacío interno, no importa la cantidad de dinero gastado, esa persona siempre será alguien pobre espiritualmente, y ésa es la peor pobreza, porque infecta el resto de tu existencia.

El dinero te da seguridad, te da protección, te da status al hacer todo lo que quieras, porque nada es gratis en esta vida. Así que entre más tienes, más posibilidades de lograr tus objetivos y, entre menos tienes, más limitado te encuentras para alcanzar tus metas. Esto acaba afectando tu amor propio, ya que ante la sociedad eres menos valioso por esas limitaciones.

Así que, aunque seas una persona valiosa, si careces de recursos para lograr tus objetivos, aunque no lo quieras, tu amor propio y confianza se ven afectados y, en consecuencia, entras en depresión. O sea que, además de pobre, triste.

Eso justamente influye en la falta de empatía hacia los necesitados, es por eso que la gente prefiere ignorarlos antes de afrontarlos y, siquiera pensar, que podamos correr ese destino. Preferimos ver noticias bonitas, de gente y mundos bellos, en lugar de ver programas, noticias o documentales de gente necesitada

La codicia

Alguna vez leí, que hay suficiente riqueza en la tierra como para que todos tengan acceso a una educación, a una vivienda mínimamente decente y para que nadie pase hambre, ¿y por qué no pasa eso? Por la codicia humana.

La codicia es algo inherente a la naturaleza humana, la cual nos ha permitido sobrevivir en épocas problemáticas, sin embargo, en este mundo capitalista y sobrepoblado, la codicia se ha potenciado a niveles muchos más allá de lo sano y lo leal, así que ahora se ensalzan mis necesidades particulares, y los de mis cercanos, aunque se joda el resto del mundo.

Así que primero anteponemos nuestras necesidades individuales antes que las grupales, así que mientras yo esté bien, los demás se pueden ir al infierno. Un ejemplo de esto se da en Estados Unidos, en donde hay más casas solas que gente sin hogar en el país, lo cual es una ironía, pero obviamente, los dueños de esas casas preferirían que se caigan de viejas, antes de dárselas a alguno de esos mugrosos indigentes.

Pero esto no sólo es problema de Estados Unidos. En este punto de la historia, podríamos culpar al capitalismo pero, sin importar el sistema social, la codicia humana es la misma en todos lados y en todas las razas, esto sin importar su sistema político-social. Y es que el humano siempre anhela más, porque los de arriba siempre quieren más y, los de abajo, que tienen poco, desean más para acercarse a los de arriba y no estar tan limitados.

Y justo esa insaciable codicia, potenciada por el capitalismo, nos ha traído a la realidad actual, en donde la humanidad es tan inmadura como un adolescente, a la cual no le preocupa un mañana, sólo quiere disfrutar el hoy sin preocupaciones ni responsabilidades, sin importar a quién se lleve entre las patas.

Así que seguimos en la fiesta interminable, hasta que ya sea inevitable su colapso, que va a ser más pronto de lo que nos imaginamos.

21 de Agosto del 2022

La justicia capitalista

A últimas fechas conocí una banda de K-Pop llamada Black Pink que, tengo entendido, es de las más exitosas de dicho género a nivel mundial. Pero no escucho su música, sino que me gustan las chicas, en especial una llamada Lisa.

Lisa

Y aclaro que estoy consciente de que está muy producida y operada, lo cual es evidente en sus fotos de cuando salió de Tailandia pero, no dije que estuviese enamorado de ella, sólo dije que me gusta porque se me hace muy atractiva la chamaca.

Así que veo algunos cortos de ella en YouTube, la gran mayoría hechos por sus fans incondicionales. Cuando vi uno que mencionaba los problemas que había superado para ser famosa y, aunque me guste la chica, dije "¿Es Neta? ¡No mames!"

En el vídeo te dicen que sufrió racismo por ser tailandesa en Corea. Que la explotó su agencia con tal exprimirle dinero. Que vivió lejos de su familia con tal de lograr el éxito y otros tantos datos. Y recalco, el vídeo está hecho por uno de sus innumerables fans, mismos que idolatran todo lo que haga o diga dicha mujer.

Es más, creo que ella ni se ha de quejar, ¿saben por qué? ¡Porque así funciona el mundo! Aquí nadie te da nada de gratis, te lo debes de ganar. Si eres Tailandesa y quieres triunfar en un país superior, en donde te van a ver como inferior, vas a tener que

aguantar muchos prejuicios y maltratos, sobre todo
con lo cruel que es la sociedad coreana.

Y ya no mencionemos el mundo del
espectáculo, que es todavía más despiadado, sin
importar el país en el que estés. Así que sí, tal vez ella
sufrió todo eso pero, a fin de cuentas, es famosa a
nivel mundial y logró su sueño, ¿vale la pena
quejarse? Yo creo que no, especialmente cuando
lograste lo que querías. Ahora, con esa fama, ella
puede tomar el sartén por el mango de su carrera y ser
independiente y, ¿saben algo? Seguramente ya ni se
lamenta de todo lo que sufrió para llegar ahí.

¿Regalar dinero a los pobres?

Pero en este mundo progre, en donde la gente
pendeja tiene ideas estúpidas de una utopía que jamás
va a existir, te encuentras notas, de medios
reconocidos como la Deutsche Welle, en donde se
preguntan si es saludable poner límite a los súper
ricos y repartir su "dinero excedente" entre los pobres.
Aunque no soy de esos multimillonarios, me pareció
la pendejada más grande que había visto, por lo
menos en lo que va del año, porque la humanidad
contemporánea es especialista en formular
estupideces.

A ver, sé que hay mucha gente obscenamente
rica en el mundo, una gran parte ha ganado esas
fortunas de manera legítima y otros, aunque legal, tal
vez no de manera ética pero, a fin de cuentas, todos
ellos consiguieron lo que pudieron en base a sus
oportunidades. No estoy contando a políticos
corruptos que lograron sus fortunas con malos

manejos, a esos sí hay que quitarles todo lo mal habido y encerrarlos.

Volviendo a los millonarios empresariales, si se ganaron el dinero de manera honesta (hasta que se demuestre lo contrario) ¿Por qué quitarles algo que por derecho es suyo para dárselo a los pobres sólo por el hecho de serlo? Eso no es justo ni es buena idea. ¿Por qué? Cuando no te ganas lo que recibes, no lo valoras y lo despilfarras. Así que regalar dinero gratis a los pobres nunca es la solución.

Lo que puede funcionar es hacer que esos ricos den mejores condiciones de trabajo, en empleos que ofrezcan, para mejorar el status socioeconómico del país, además de invertir en educación (aunque eso le toca a los gobiernos) para que la gente pobre tenga oportunidad de superarse y acceder a alguno de esos buenos empleos remunerados.

Sé que esto es un bonito sueño, porque la codicia y corrupción siempre pesan más que el bien común, pero sería más justo y productivo que sólo quitarle el dinero a esos "malvados empresarios" que tienen mucho para dárselos a esos pobres que no tienen nada y que, sólo por nacer jodidos, lo merecen.

Pero estas diferencias no sólo se dan a nivel de piso, sino en mi propia oficina.

Una "pequeña" diferencia

De pronto una compañera, de la cual omitiré el nombre, empezó a cuestionar por qué ganaba menos si hacía el mismo trabajo que el resto. Así que nos pusimos a comparar recibos de nómina y, efectivamente, ganaba menos.

Ahí surgió la duda "¿Cuánto tiempo tienes en planta?" y nos respondió que diez años, y en ese momento le dije "Pues regresa en unos años, cuando tengas los 22 que llevo yo y verás que la diferencia, contra lo que gano ahora, es nula" para que entendiera que, a pesar de hacer el mismo trabajo, también cuenta la antigüedad en planta, lo cual entendió y dejó el tema por la paz.

Porque, ciertamente, hay gente en el trabajo más nueva, con menos experiencia y que puede llegar a ganar más que uno, en teoría porque hace una labor sobresaliente, muy importante o porque es recomendado, pero esos casos son los menos. Normalmente, uno va creciendo y ganando más en la empresa, a través de promociones, el desempeño y la antigüedad en la compañía.

Si no eres de esas personas que son extraordinarias, entonces tienes que jugar con las reglas con las que el resto lo hacemos. Y, si no te gustan, pues tendrás que irte a otra cancha en donde sí te gusten, mientras estés en ésta, te tendrás que joder y adaptar.

Migrantes anhelados

En otra nota que vi en la Deutsche Welle, Alemania requiere 400000 inmigrantes calificados por año, no cualquier tipo de inmigrante, sino calificados para tomar esos puestos que no pueden cubrir. Eso me dio risa porque, hace apenas 20 años, sus restricciones para ir a laborar allá eran muy fieras, y tenías que demostrar que no había un alemán que no pudiera hacer ese puesto antes de contratarte.

Ahora hasta están haciendo más ligeras las restricciones y trámites, incluso para darte la nacionalidad, todo porque van a valer verga. Y ahí sale la gente estúpida a decir "Ahora sí, como nos necesitan, ahora abren las puertas", ¡Pues claro! nadie te va a dejar pasar de buena onda, ellos tienen una necesidad y requieren del tercer mundo para cubrirla, especialmente los capacitados para hacer la tarea.

Esto no es una institución de caridad, si te ofrezco oportunidades es porque te necesito, de lo contrario no te dejo pasar a mi país, es algo obvio y natural, ¿Por qué te voy a dejar pasar si no vienes a contribuir a mi riqueza, desarrollo o bienestar?

Y esto me lleva al siguiente tema, pero antes quiero cerrar con el tema de Alemania: NO van a conseguir esos 400000 inmigrantes calificados al año, especialmente porque tienen competencia en otros sitios como Canadá, Australia e incluso el propio Estados Unidos. Así que la "solución" será que relocalicen sus fábricas en el extranjero y, en consecuencia, reducir el tamaño de su economía.

Mi casa, mis reglas

Ahora sí, al siguiente tema relacionado con éste último.

También en Deutsche Welle y BBC, veo diversas nota tipo "Ay, pobrecitos migrantes, se amontonan en la frontera entre México y USA". A ver, los gringos no tienen por qué dejar entrar a todo el que quiera hacerlo, a fin de cuentas es su país y pueden negarle la entrada a quienes ellos quieran, sin importar si es migrante legal o ilegal, incluidos turistas.

Al final los gringos dejan entrar a los que les conviene, ya sea migrantes o turistas, aquellos que vengan a gastar o a producir. Su país no es una beneficencia, así que por eso dejan a entrar a un chorro de extranjeros, pero a aquellos que les pueden ayudar a su economía, no a aquellos que resulten un problema o un gasto de asistencia social.

Y sí, sé que mucha gente quiere ir a trabajar, pero no todos, así que no los culpo por ser estrictos en sus políticas para dejar acceder a inmigrantes. Obviamente me enoja que esas tierras fueron nuestras, pero eso es harina de otro costal. Pero, hasta eso, es parte de la justicia culera de este mundo. Sin embargo, de ese tema sacaré toda una serie de escritos que se convertirán en un libro.

Pasemos al último tema de este texto.

El "malo" Amazon

Ya lo traté en otro escrito, así que seré breve en este punto. A partir del año pasado empecé a publicar mis libros en Amazon, a los cuales les pone precios tan altos que nadie los compra y, cuando le pedí a mis amigos que lo hicieran, elevó el precio hasta cuatro veces, lo cual me pareció una jalada.

Pero no puedo echarle bronca a Amazon por los siguientes motivos:

A) Soy nadie en el mundo de la literatura, nadie me conoce y nadie tiene por qué comprar mis libros, mucho menos publicarlos.

B) Fuera de mi esfuerzo, creatividad y tiempo, no estoy invirtiendo nada en la publicación de los libros, no pago imprentas ni canales de distribución. Así que el precio alto que pone Amazon es el monto a pagar por el uso de su infraestructura. ¿Saben lo que me costaría publicarlos y distribuirlos por mi cuenta? Y que, de todas formas, no se vendan, digo, por lo menos con Amazon no pierdo todo ese dinero y tiempo.

C) La más importante, por lo menos para mí, si Amazon no diera esta opción de autopublicación, jamás hubiera publicado mis libros, así que por ese simple hecho, estaré agradecido con este consorcio, el cual no me hace el favor de gratis pero, por lo menos para mí, el hecho de publicar, sin importar que se vendan o no, ya es algo que me hace sentirme feliz.

Comentarios finales

Sé que nos gustaría vivir en un mundo en donde la justicia sea más equitativa, y creo que se podría lograr, pero no con medidas populistas o proteccionistas.

Sé que no es el mundo que todos anhelan, pero sólo he plasmado la realidad como es, las cosas como son y no como quisiéramos que fueran, porque el mundo no le interesa tu opinión de cómo deberían ser las cosas.

No estoy diciendo que el mundo sea justo, yo mismo pasé años de mi juventud frustrado porque no lo era. Con el tiempo entendí que el mundo es como es, así que debes aprender a jugar con sus reglas porque, por más que luches, no se van a adaptar a tus deseos pero, si juegas con las reglas, es más probable que te acerques al cambio que quieres, pero desde dentro del sistema, cuando tienes cierta influencia en él, si es que logras ese nivel o, por lo menos, lograr ciertas concesiones en tu pequeña parcelita.

Como leí alguna vez: "Se dice que el mundo es injusto, pero eso es mentira, ya que el mundo es realmente justo, ya que es injusto para todos".

25 de Enero del 2023

Codicia creciente

"El humano siempre ha tenido ambición, pero la codicia fue creciendo con la civilización misma y, con la llegada del capitalismo, se disparó a niveles enfermizos. Es por eso que anhelamos mucho más de lo que en realidad necesitamos: No por una necesidad de comer, vestirse o tener un techo; sólo por ser más importante (o poderoso) que los demás por el simple hecho de poseer más que ellos" – Hebert Gutiérrez Morales.

25 de Febrero del 2023

Comentarios de cierre

Personalmente creo que el capitalismo funciona, de hecho soy un ferviente creyente de él, porque cada cual tiene la capacidad de generarse un patrimonio y, con ello, forjarse un bienestar.

Sin embargo, el problema no está propiamente en el capitalismo, sino en los altos círculos que nunca tienen suficiente, y que forzan el sistema a límites insanos, tanto para la sociedad y el planeta, lo cual muta en situaciones nocivas que nos afectan a todos los niveles.

Pero no es un problema exclusivo de los que mueven los hilos, porque la gente de a pie, tanto usted que lee esto como yo, nos dejamos manipular por ellos, y aceptamos las dinámicas que nos imponen, sin cuestionar, sin aplicar un poco de sentido común.

El problema es que el humanos siempre ha sido de la idea que "como todos los demás lo están haciendo, entonces deben estar en lo correcto", así que se incorporan sin chistar a, parafraseando a Fernando Delgadillo, la fila que no lleva a ninguna parte. Porque sí, mucha gente trata de encontrar un (falso) bienestar a través de poseer, pero a cambio están perdiendo su esencia e, indirectamente, la alegría de vivir.

Ciertamente ya empieza a haber gente que se da cuenta de la realidad pero, por desgracia, la situación ya está tan permeada en el inconsciente colectivo, que va a ser muy difícil dar marcha atrás, y esta dinámica destructiva en la que nos ha metido este capitalismo extremo, no va a parar hasta que agotemos al planeta y a nosotros mismos.

Porque de ese tamaño ha llegado la enajenación con el sistema: no importa que nos esté llevando hacia la destrucción, tanto de nosotros como de lo que nos rodea, mientras podamos satisfacer todos esos maravillosos apetitos y, ahora sí, ser felices y plenos cuando, irónicamente, más nos alejamos de ello al seguir por este camino inconsciente e insensible.

Al final tendremos bien merecido el futuro que nos hemos ganado (aunque ése es otro libro que ya publiqué).

Hebert Gutiérrez Morales.